誕生日からのメッセージ

数字と色の人生ノート

はじめに

「誕生日からのメッセージ『新・数字と色が人生を変える』心相数&幸福色情報ハンドブック」（弊社刊）の多くの読者の方から、

「外出先で話題の人やカップル、出会った人の心相数をすぐ調べたい」

「名前と心相数をメモしておきたい」

といったご要望が多数寄せられました。そこで今回、「心相数の基本データ」に「ノート欄」を新たに設け、携帯用として本書を刊行した次第です。

前出の既刊『新・数字と色が人生を変える』をぜひお読みいただき、81通りの心相数と幸福色をご理解されたうえで本書を活用いただければ幸いです。

編集部

〈目次〉

あなたの心相数の出し方

あなたの心相数は生年月日から算出し、3つの数字から成り立っています。

- 1つ目の数字は、生まれた年（西暦）を一ケタになるまで足した数字です。
- 2つ目の数字は、月日を一ケタになるまで足した数字です。
- 3つ目の数字は、1つ目と2つ目の数字を一ケタになるまで足した数字です。

①　＋　②　＝　③
年　　月＋日　　合計

例　1963年（昭和38年）4月3日生まれの方

〈1番目の数字〉

1＋9＋6＋3＝19
1＋9＝10
1＋0＝1　　　①番目の数字――1

〈2番目の数字〉

4＋3＝7　　　②番目の数字――7

〈3番目の数字〉

1＋7＝8　　　③番目の数字――8

この人の心相数は　**178**　です。

●元号の場合の簡略算出法

昭和　－1　　平成　－1　　大正　＋3　　明治　＋4

昭和の場合は、－1しますと西暦と同じ数字が出ます。
38年→3＋8＝11　1＋1＝2　2から昭和は－1します。　2－1＝1

1つ目（一番左）の数字早見表

●生まれた年を一ケタになるまで足した数字です。

西暦	元号	1つ目の数字
1917	大正6年	9
1918	大正7年	1
1919	大正8年	2
1920	大正9年	3
1921	大正10年	4
1922	大正11年	5
1923	大正12年	6
1924	大正13年	7
1925	大正14年	8
1926	大正15年	9
1927	昭和2年	1
1928	昭和3年	2
1929	昭和4年	3
1930	昭和5年	4
1931	昭和6年	5
1932	昭和7年	6
1933	昭和8年	7
1934	昭和9年	8
1935	昭和10年	9
1936	昭和11年	1
1937	昭和12年	2
1938	昭和13年	3
1939	昭和14年	4
1940	昭和15年	5
1941	昭和16年	6
1942	昭和17年	7
1943	昭和18年	8
1944	昭和19年	9
1945	昭和20年	1
1946	昭和21年	2
1947	昭和22年	3
1948	昭和23年	4
1949	昭和24年	5
1950	昭和25年	6

西暦	元号	1つ目の数字
1951	昭和26年	7
1952	昭和27年	8
1953	昭和28年	9
1954	昭和29年	1
1955	昭和30年	2
1956	昭和31年	3
1957	昭和32年	4
1958	昭和33年	5
1959	昭和34年	6
1960	昭和35年	7
1961	昭和36年	8
1962	昭和37年	9
1963	昭和38年	1
1964	昭和39年	2
1965	昭和40年	3
1966	昭和41年	4
1967	昭和42年	5
1968	昭和43年	6
1969	昭和44年	7
1970	昭和45年	8
1971	昭和46年	9
1972	昭和47年	1
1973	昭和48年	2
1974	昭和49年	3
1975	昭和50年	4
1976	昭和51年	5
1977	昭和52年	6
1978	昭和53年	7
1979	昭和54年	8
1980	昭和55年	9
1981	昭和56年	1
1982	昭和57年	2
1983	昭和58年	3
1984	昭和59年	4

西暦	元号	1つ目の数字
1985	昭和60年	5
1986	昭和61年	6
1987	昭和62年	7
1988	昭和63年	8
1989	昭和64年	9
1990	平成2年	1
1991	平成3年	2
1992	平成4年	3
1993	平成5年	4
1994	平成6年	5
1995	平成7年	6
1996	平成8年	7
1997	平成9年	8
1998	平成10年	9
1999	平成11年	1
2000	平成12年	2
2001	平成13年	3
2002	平成14年	4
2003	平成15年	5
2004	平成16年	6
2005	平成17年	7
2006	平成18年	8
2007	平成19年	9
2008	平成20年	1
2009	平成21年	2
2010	平成22年	3
2011	平成23年	4
2012	平成24年	5
2013	平成25年	6
2014	平成26年	7
2015	平成27年	8
2016	平成28年	9
2017	平成29年	1
2018	平成30年	2

2つ目（真ん中）の数字早見表

●生まれた月日を一ケタになるまで足した数字です。

6月	2つ目の数字	5月	2つ目の数字	4月	2つ目の数字	3月	2つ目の数字	2月	2つ目の数字	1月	2つ目の数字
1日	7	1日	6	1日	5	1日	4	1日	3	1日	2
2日	8	2日	7	2日	6	2日	5	2日	4	2日	3
3日	9	3日	8	3日	7	3日	6	3日	5	3日	4
4日	1	4日	9	4日	8	4日	7	4日	6	4日	5
5日	2	5日	1	5日	9	5日	8	5日	7	5日	6
6日	3	6日	2	6日	1	6日	9	6日	8	6日	7
7日	4	7日	3	7日	2	7日	1	7日	9	7日	8
8日	5	8日	4	8日	3	8日	2	8日	1	8日	9
9日	6	9日	5	9日	4	9日	3	9日	2	9日	1
10日	7	10日	6	10日	5	10日	4	10日	3	10日	2
11日	8	11日	7	11日	6	11日	5	11日	4	11日	3
12日	9	12日	8	12日	7	12日	6	12日	5	12日	4
13日	1	13日	9	13日	8	13日	7	13日	6	13日	5
14日	2	14日	1	14日	9	14日	8	14日	7	14日	6
15日	3	15日	2	15日	1	15日	9	15日	8	15日	7
16日	4	16日	3	16日	2	16日	1	16日	9	16日	8
17日	5	17日	4	17日	3	17日	2	17日	1	17日	9
18日	6	18日	5	18日	4	18日	3	18日	2	18日	1
19日	7	19日	6	19日	5	19日	4	19日	3	19日	2
20日	8	20日	7	20日	6	20日	5	20日	4	20日	3
21日	9	21日	8	21日	7	21日	6	21日	5	21日	4
22日	1	22日	9	22日	8	22日	7	22日	6	22日	5
23日	2	23日	1	23日	9	23日	8	23日	7	23日	6
24日	3	24日	2	24日	1	24日	9	24日	8	24日	7
25日	4	25日	3	25日	2	25日	1	25日	9	25日	8
26日	5	26日	4	26日	3	26日	2	26日	1	26日	9
27日	6	27日	5	27日	4	27日	3	27日	2	27日	1
28日	7	28日	6	28日	5	28日	4	28日	3	28日	2
29日	8	29日	7	29日	6	29日	5	29日	4	29日	3
30日	9	30日	8	30日	7	30日	6			30日	4
		31日	9			31日	7			31日	5

7月	2つ目の数字
1日	8
2日	9
3日	1
4日	2
5日	3
6日	4
7日	5
8日	6
9日	7
10日	8
11日	9
12日	1
13日	2
14日	3
15日	4
16日	5
17日	6
18日	7
19日	8
20日	9
21日	1
22日	2
23日	3
24日	4
25日	5
26日	6
27日	7
28日	8
29日	9
30日	1
31日	2

8月	2つ目の数字
1日	9
2日	1
3日	2
4日	3
5日	4
6日	5
7日	6
8日	7
9日	8
10日	9
11日	1
12日	2
13日	3
14日	4
15日	5
16日	6
17日	7
18日	8
19日	9
20日	1
21日	2
22日	3
23日	4
24日	5
25日	6
26日	7
27日	8
28日	9
29日	1
30日	2
31日	3

9月	2つ目の数字
1日	1
2日	2
3日	3
4日	4
5日	5
6日	6
7日	7
8日	8
9日	9
10日	1
11日	2
12日	3
13日	4
14日	5
15日	6
16日	7
17日	8
18日	9
19日	1
20日	2
21日	3
22日	4
23日	5
24日	6
25日	7
26日	8
27日	9
28日	1
29日	2
30日	3

10月	2つ目の数字
1日	2
2日	3
3日	4
4日	5
5日	6
6日	7
7日	8
8日	9
9日	1
10日	2
11日	3
12日	4
13日	5
14日	6
15日	7
16日	8
17日	9
18日	1
19日	2
20日	3
21日	4
22日	5
23日	6
24日	7
25日	8
26日	9
27日	1
28日	2
29日	3
30日	4
31日	5

11月	2つ目の数字
1日	3
2日	4
3日	5
4日	6
5日	7
6日	8
7日	9
8日	1
9日	2
10日	3
11日	4
12日	5
13日	6
14日	7
15日	8
16日	9
17日	1
18日	2
19日	3
20日	4
21日	5
22日	6
23日	7
24日	8
25日	9
26日	1
27日	2
28日	3
29日	4
30日	5

12月	2つ目の数字
1日	4
2日	5
3日	6
4日	7
5日	8
6日	9
7日	1
8日	2
9日	3
10日	4
11日	5
12日	6
13日	7
14日	8
15日	9
16日	1
17日	2
18日	3
19日	4
20日	5
21日	6
22日	7
23日	8
24日	9
25日	1
26日	2
27日	3
28日	4
29日	5
30日	6
31日	7

3つ目（一番右）の数字早見表

●1つ目と2つ目の数字を一ケタになるまで足した数字です。

1つ目の数字が1			1つ目の数字が2			1つ目の数字が3			1つ目の数字が4			1つ目の数字が5			1つ目の数字が6			1つ目の数字が7			1つ目の数字が8			1つ目の数字が9		
1つ目の数字	2つ目の数字	3つ目の数字	1つ目の数字	2つ目の数字	3つ目の数字	1つ目の数字	2つ目の数字	3つ目の数字	1つ目の数字	2つ目の数字	3つ目の数字	1つ目の数字	2つ目の数字	3つ目の数字	1つ目の数字	2つ目の数字	3つ目の数字	1つ目の数字	2つ目の数字	3つ目の数字	1つ目の数字	2つ目の数字	3つ目の数字	1つ目の数字	2つ目の数字	3つ目の数字
1	1	2	2	1	3	3	1	4	4	1	5	5	1	6	6	1	7	7	1	8	8	1	9	9	1	1
1	2	3	2	2	4	3	2	5	4	2	6	5	2	7	6	2	8	7	2	9	8	2	1	9	2	2
1	3	4	2	3	5	3	3	6	4	3	7	5	3	8	6	3	9	7	3	1	8	3	2	9	3	3
1	4	5	2	4	6	3	4	7	4	4	8	5	4	9	6	4	1	7	4	2	8	4	3	9	4	4
1	5	6	2	5	7	3	5	8	4	5	9	5	5	1	6	5	2	7	5	3	8	5	4	9	5	5
1	6	7	2	6	8	3	6	9	4	6	1	5	6	2	6	6	3	7	6	4	8	6	5	9	6	6
1	7	8	2	7	9	3	7	1	4	7	2	5	7	3	6	7	4	7	7	5	8	7	6	9	7	7
1	8	9	2	8	1	3	8	2	4	8	3	5	8	4	6	8	5	7	8	6	8	8	7	9	8	8
1	9	1	2	9	2	3	9	3	4	9	4	5	9	5	6	9	6	7	9	7	8	9	8	9	9	9

81通りの心相数

112	213	314	415	516	617	718	819	911
123	224	325	426	527	628	729	821	922
134	235	336	437	538	639	731	832	933
145	246	347	448	549	641	742	843	944
156	257	358	459	551	652	753	854	955
167	268	369	461	562	663	764	865	966
178	279	371	472	573	674	775	876	977
189	281	382	483	584	685	786	887	988
191	292	393	494	595	696	797	898	999

●心相数は全部で81通りあります。

●あなたの心相数も必ずこの81通りの中に含まれています。

心相数　性格情報と行動思考のパターン

9	守護する働き　論理的　全体を見て動く　全体把握 頼まれると嫌と言えない　受け入れる　参謀型
8	ポジション　大将　女王様　仕切り役　無視されるのが嫌 自分のペースで行動　目立ちたがりや　期待されると頑張る
7	納得いくまで諦めない　頑固　責任感旺盛　信用　完成 人の好き嫌いがハッキリ　仕事人　大器晩成
6	人脈　人が大好き　情報通　トラブル処理　名秘書役 人の相談にのりやすい　器用　人のコーディネーター
5	人脈　気配り　気遣い　気疲れ　安定志向 経験でものを言う　人のコーディネーター
4	行動的　じっとしていられない　直観に優れている　親分肌 人情家　人の面倒見が良い　人脈　当たり外れがハッキリ
3	変化を楽しむ　新しいものを探す能力　行動力 じっとしているのが嫌い　アイデアマン　プランナー
2	独立心　指図されたり抑えつけられるのが嫌　アイデアマン 感性が豊か　気分屋　自分の時間を大切にする
1	目的志向　目標が必要　徹底　目的のプロセスを楽しむ 感性が豊か　芸術的センス　潔癖精神世界　教育

心相数と幸福色（あなたを守るラッキーカラー）

心相数	幸福色
9	光　無色　金
8	紫
7	紺　藍
6	青
5	緑
4	黄　金
3	橙　オレンジ
2	赤　ピンク
1	光　無色　銀

《幸福色の使い方》

・使えば使うほど効果が高い
・毎日身につけると良い
・使う個数が多いほど効果が高い

〈あなたの知りたい情報〉

心相数　257	基本数　336	ポジション数　1	運気数　9

〈あなたの特別の運命の人〉　三千年の旅をして出逢った人

1	合計して999になる人	742
2	同じ数の人	257
3	並び換えの人	527
4	受胎数・運気数グループ 9名	178 257 336 415 584 663 742 821 999

〈相性判定の基本数グループ〉　親子の流れ、恋人夫婦間、様々な相性の良い関係のグループ

基本数が同じ 663　336	112 145 178 415 448 472 718 742 775 663 224 257 281 527 551 584 821 854 887 336

〈あなたの親子の関係は〉 第一グループ	親を継ぐ数字。親との関係が深く親の面倒をみる役割。 親にみられる場合もあり、長男長女で生まれやすい。

〈組織での動きや仕事傾向〉 第一グループ	組織を大きくする能力、拡大志向。 マネジメント能力がある。組織の中で力を発揮する。

<八犬伝グループ> 一生を支える支援関係、仕事などで出逢いやすい関係

外八犬伝				外八犬伝				外八犬伝
	中八犬伝			中八犬伝			中八犬伝	
		中八犬伝		中八犬伝		中八犬伝		
			内八犬伝	内八犬伝	内八犬伝			
外八犬伝	中八犬伝	中八犬伝	内八犬伝	本　人	内八犬伝	中八犬伝	中八犬伝	外八犬伝
			内八犬伝	内八犬伝	内八犬伝			
		中八犬伝		中八犬伝		中八犬伝		
	中八犬伝			中八犬伝			中八犬伝	
外八犬伝				外八犬伝				外八犬伝

〈あなたの周りにいる257の人〉

氏名：　生年月日：　年　月　日

氏名：　生年月日：　年　月　日

氏名：　生年月日：　年　月　日

氏名：　生年月日：　年　月　日

氏名：　生年月日：　年　月　日

あなたの心相数のキーワード

あなたのラッキーカラー

＜あなたの知りたい情報＞

① 心相数＝誕生日から算出した 81 通りの情報
② 基本数＝相性判定の基になる数のグループ。家族の流れやチームの組み方がわかる。「369·639」「933·966」「393·696」「336·663」の 4 パターンがあります。
③ ポジション数＝親子の関係、家の継ぎ方、組織での動き方がわかる。3 パターンに分類。
④ 運気数＝ 9 年サイクルの上昇、下降の運気の流れ、位置がわかる。

＜あなたの特別の運命の人＞ 三千年の旅をして出逢った人

数千年の旅をして出逢った関係を特別の運命の人と呼びます。

1　合計して 999 になる人＝二人の心相数を足して 999 になる関係。最も深いご縁の人。
2　同じ数の人＝考え方、行動傾向が似ていて、いろいろな場面のパートナーに最適です。
3　並び換えの人＝タイプは違うものの深いご縁で結ばれた関係。
4　受胎数の人＝お腹に宿した時に関係する数を受胎数といいます。あなたの周りで運命に関する関係として登場し一生を支えます。

＜相性判定の基本数グループ＞ 親子の流れ、恋人・夫婦間、様々な相性の良い関係のグループ

相性判定の基本となるのが「基本数」です。基本的には「369·639」「933·966」「393·696」「336·663」の 4 パターンがあります。

＜あなたと親子の関係は＞

兄弟姉妹の中で誰が親の面倒をみる役割を担っているのかを知る技法です。81 通りの心相数を三つのパターン（第一グループ、第二グループ、第三グループ）に分類して、その役割を判定します。第一グループは親の面倒をみる。第二グループはピンチヒッターの役、第三グループは親元を離れ用事のあるときに戻ってくる関係です。

＜組織での動きや仕事傾向＞

人は社会的動物と言われ、社会の組織の中で役割を演じて生きることを余儀なくされています。組織での動き方は三つのパターンに分類できます。
第一グループ（組織を拡大する人）、第二グループ（調整役）、第三グループ（組織に拘らず動く人）、この三つのどのタイプか知ることが自分の役割を知る方法になります。

＜八犬伝グループ＞ 一生を支える支援関係、仕事などで出逢いやすい関係

自分を中心とし放射線（八方向）上にある関係の人です。長い一生を支えあう関係です。ビジネスをはじめとする人間関係は長い間にこのグループの人が集まりやすく、中心の周りの八名が自分と行動関係が似かよった内八犬伝グループ、一番外枠は性格が正反対の外八犬伝グループ、中八犬伝グループは外と内の両方の性格を持っています。

〈あなたの知りたい情報〉

心相数　112	基本数　663	ポジション数　3	運気数　3

〈あなたの特別の運命の人〉　三千年の旅をして出逢った人

1	合計して999になる人	887
2	同じ数の人	112
3	並び換えの人	112
4	受胎数・運気数グループ 9名	112 281 369 448 527 696 775 854 933

〈相性判定の基本数グループ〉　親子の流れ、恋人夫婦間、様々な相性の良い関係のグループ

基本数が同じ 336　663	224 257 281 527 551 584 821 854 887 336 112 145 178 415 448 472 718 742 775 663

〈あなたの親子の関係は〉 第三グループ	親を愛していないわけではないのですが、親元を離れていく傾向が強く、用事のあるときだけ帰ります。

〈組織での動きや仕事傾向〉 第三グループ	組織に拘らない、執着もうすい。納得のいく仕事がテーマ。人と同じにみられるのが嫌いで、開拓者精神旺盛。

＜八犬伝グループ＞　一生を支える支援関係、仕事などで出逢いやすい関係

562	663	764	865	966	167	268	369	461
573	674	775	876	977	178	279	371	472
584	685	786	887	988	189	281	382	483
595	696	797	898	999	191	292	393	494
617	718	819	911	**112**	213	314	415	516
628	729	821	922	123	224	325	426	527
639	731	832	933	134	235	336	437	538
641	742	843	944	145	246	347	448	549
652	753	854	955	156	257	358	459	551

〈あなたの周りにいる112の人〉

氏名：　　　　　生年月日：　　　年　　　月　　　日

氏名：　　　　　生年月日：　　　年　　　月　　　日

氏名：　　　　　生年月日：　　　年　　　月　　　日

氏名：　　　　　生年月日：　　　年　　　月　　　日

氏名：　　　　　生年月日：　　　年　　　月　　　日

123の人

銀　赤・ピンク　オレンジ

目標一途　感性　行動力　マイペース　拡大志向　人の上に立ちたがる　組織の中で力を発揮

〈あなたの知りたい情報〉

心相数　123	基本数　639	ポジション数　1	運気数　4

〈あなたの特別の運命の人〉　三千年の旅をして出逢った人

1	合計して999になる人	876
2	同じ数の人	123
3	並び換えの人	213
4	受胎数・運気数グループ 9名	123 292 371 459 538 617 786 865 944

〈相性判定の基本数グループ〉　親子の流れ、恋人夫婦間、様々な相性の良い関係のグループ

基本数が同じ 369　639	213 246 279 516 549 573 819 843 876 369 123 156 189 426 459 483 729 753 786 639

〈あなたの親子の関係は〉 第一グループ	親を継ぐ数字、親との関係が深く親の面倒をみる役割 親にみられる場合もあり、長男長女で生まれやすい。

〈組織での動きや仕事傾向〉 第一グループ	組織を大きくする能力、拡大志向。 マネジメント能力がある。組織の中で力を発揮する。

<八犬伝グループ>　一生を支える支援関係、仕事などで出逢いやすい関係

573	674	775	876	977	178	279	371	472
584	685	786	887	988	189	281	382	483
595	696	797	898	999	191	292	393	494
617	718	819	911	112	213	314	415	516
628	729	821	922	**123**	224	325	426	527
639	731	832	933	134	235	336	437	538
641	742	843	944	145	246	347	448	549
652	753	854	955	156	257	358	459	551
663	764	865	966	167	268	369	461	562

〈あなたの周りにいる123の人〉

氏名：　　　　　　生年月日：　　　年　　月　　日

氏名：　　　　　　生年月日：　　　年　　月　　日

氏名：　　　　　　生年月日：　　　年　　月　　日

氏名：　　　　　　生年月日：　　　年　　月　　日

氏名：　　　　　　生年月日：　　　年　　月　　日

銀　オレンジ　黄

目標　一途　感性　行動力　楽天的　調整　人の協力を得られる

〈あなたの知りたい情報〉

心相数　134	基本数　696	ポジション数　2	運気数　5

〈あなたの特別の運命の人〉　三千年の旅をして出逢った人

1	合計して999になる人	865
2	同じ数の人	134
3	並び換えの人	314
4	受胎数・運気数グループ 9名	134 213 382 461 549 628 797 876 955

〈相性判定の基本数グループ〉　親子の流れ、恋人夫婦間、様々な相性の良い関係のグループ

基本数が同じ 393　696	235 268 292 538 562 595 832 865 898 393 134 167 191 437 461 494 731 764 797 696

〈あなたの親子の関係は〉 第二グループ	ピンチヒッター役で、誰も親の面倒をみる人がいないと役割がまわってきます。

〈組織での動きや仕事傾向〉 第二グループ	二番手が向いている。一番手になろうとすると辛い。 番頭役や調整役に適している。

＜八犬伝グループ＞ 一生を支える支援関係、仕事などで出逢いやすい関係

584	685	786	887	988	189	281	382	483
595	696	797	898	999	191	292	393	494
617	718	819	911	112	213	314	415	516
628	729	821	922	123	224	325	426	527
639	731	832	933	**134**	235	336	437	538
641	742	843	944	145	246	347	448	549
652	753	854	955	156	257	358	459	551
663	764	865	966	167	268	369	461	562
674	775	876	977	178	279	371	472	573

〈あなたの周りにいる134の人〉

氏名：　　　　生年月日：　　　年　　月　　日

氏名：　　　　生年月日：　　　年　　月　　日

氏名：　　　　生年月日：　　　年　　月　　日

氏名：　　　　生年月日：　　　年　　月　　日

氏名：　　　　生年月日：　　　年　　月　　日

145の人

銀　黄　緑

目標一途　感性　行動力　直感　人脈　開拓者　納得いく人生

〈あなたの知りたい情報〉

心相数　145	基本数　663	ポジション数　3	運気数　6

〈あなたの特別の運命の人〉　三千年の旅をして出逢った人

1	合計して999になる人	854
2	同じ数の人	145
3	並び換えの人	415
4	受胎数・運気数グループ 9名	145 224 393 472 551 639 718 887 966

〈相性判定の基本数グループ〉　親子の流れ、恋人夫婦間、様々な相性の良い関係のグループ

基本数が同じ 336　663	224 257 281 527 551 584 821 854 887 336 112 145 178 415 448 472 718 742 775 663

〈あなたの親子の関係は〉 第三グループ	親を愛していないわけではないのですが、親元を離れていく傾向が強く、用事のあるときだけ帰ります。

〈組織での動きや仕事傾向〉 第三グループ	組織に拘らない、執着もうすい。納得のいく仕事がテーマ。人と同じにみられるのが嫌いで、開拓者精神旺盛。

＜八犬伝グループ＞　一生を支える支援関係、仕事などで出逢いやすい関係

595	696	797	898	999	191	292	393	494
617	718	819	911	112	213	314	415	516
628	729	821	922	123	224	325	426	527
639	731	832	933	134	235	336	437	538
641	742	843	944	**145**	246	347	448	549
652	753	854	955	156	257	358	459	551
663	764	865	966	167	268	369	461	562
674	775	876	977	178	279	371	472	573
685	786	887	988	189	281	382	483	584

〈あなたの周りにいる145の人〉

氏名：　　　　生年月日：　　年　　月　　日

氏名：　　　　生年月日：　　年　　月　　日

氏名：　　　　生年月日：　　年　　月　　日

氏名：　　　　生年月日：　　年　　月　　日

氏名：　　　　生年月日：　　年　　月　　日

銀 緑 青

目標 一途 感性 気配り 安定 調整 人の協力を得られる

〈あなたの知りたい情報〉

心相数 156	基本数 639	ポジション数 2	運気数 7

〈あなたの特別の運命の人〉 三千年の旅をして出逢った人

1	合計して999になる人	843
2	同じ数の人	156
3	並び換えの人	516
4	受胎数・運気数グループ 9名	156 235 314 483 562 641 729 898 977

〈相性判定の基本数グループ〉 親子の流れ、恋人夫婦間、様々な相性の良い関係のグループ

基本数が同じ 369 639	213 246 279 516 549 573 819 843 876 369 123 156 189 426 459 483 729 753 786 639

〈あなたの親子の関係は〉 第二グループ	ピンチヒッター役で、誰も親の面倒をみる人がいないと役割がまわってきます。

〈組織での動きや仕事傾向〉 第二グループ	二番手が向いている。一番手になろうとすると辛い。 番頭役や調整役に適している。

＜八犬伝グループ＞ 一生を支える支援関係、仕事などで出逢いやすい関係

617	718	819	911	112	213	314	415	516
628	729	821	922	123	224	325	426	527
639	731	832	933	134	235	336	437	538
641	742	843	944	145	246	347	448	549
652	753	854	955	**156**	257	358	459	551
663	764	865	966	167	268	369	461	562
674	775	876	977	178	279	371	472	573
685	786	887	988	189	281	382	483	584
696	797	898	999	191	292	393	494	595

〈あなたの周りにいる156の人〉

氏名： 生年月日： 年 月 日

氏名： 生年月日： 年 月 日

氏名： 生年月日： 年 月 日

氏名： 生年月日： 年 月 日

氏名： 生年月日： 年 月 日

167の人

銀　青　紺・藍色

目標　一途　感性　人間関係　器用　拡大志向　人の上に立ちたがる　組織の中で力を発揮

〈あなたの知りたい情報〉

心相数　167	基本数　696	ポジション数　1	運気数　8

〈あなたの特別の運命の人〉　三千年の旅をして出逢った人

1	合計して999になる人	832
2	同じ数の人	167
3	並び換えの人	617
4	受胎数・運気数グループ 9名	167 246 325 494 573 652 731 819 988

〈相性判定の基本数グループ〉　親子の流れ、恋人夫婦間、様々な相性の良い関係のグループ

基本数が同じ 393　696	235 268 292 538 562 595 832 865 898 393 134 167 191 437 461 494 731 764 797 696

〈あなたの親子の関係は〉 第一グループ	親を継ぐ数字。親との関係が深く親の面倒をみる役割。 親にみられる場合もあり、長男長女で生まれやすい。

〈組織での動きや仕事傾向〉 第一グループ	組織を大きくする能力、拡大志向。 マネジメント能力がある。組織の中で力を発揮する。

＜八犬伝グループ＞ 一生を支える支援関係、仕事などで出逢いやすい関係

628	729	821	922	123	224	325	426	527
639	731	832	933	134	235	336	437	538
641	742	843	944	145	246	347	448	549
652	753	854	955	156	257	358	459	551
663	764	865	966	**167**	268	369	461	562
674	775	876	977	178	279	371	472	573
685	786	887	988	189	281	382	483	584
696	797	898	999	191	292	393	494	595
718	819	911	112	213	314	415	516	617

〈あなたの周りにいる167の人〉

氏名：　　　　生年月日：　　　年　　月　　日

氏名：　　　　生年月日：　　　年　　月　　日

氏名：　　　　生年月日：　　　年　　月　　日

氏名：　　　　生年月日：　　　年　　月　　日

氏名：　　　　生年月日：　　　年　　月　　日

178の人

〈あなたの知りたい情報〉

心相数　178	基本数　663	ポジション数　3	運気数　9

〈あなたの特別の運命の人〉　三千年の旅をして出逢った人

1	合計して999になる人	821
2	同じ数の人	178
3	並び換えの人	718
4	受胎数・運気数グループ 9名	178 257 336 415 584 663 742 821 999

〈相性判定の基本数グループ〉　親子の流れ、恋人夫婦間、様々な相性の良い関係のグループ

基本数が同じ 336　663	224 257 281 527 551 584 821 854 887 336 112 145 178 415 448 472 718 742 775 663

〈あなたの親子の関係は〉 第三グループ	親を愛していないわけではないのですが、親元を離れていく傾向が強く、用事のあるときだけ帰ります。

〈組織での動きや仕事傾向〉 第三グループ	組織に拘らない、執着もうすい。納得のいく仕事がテーマ。人と同じにみられるのが嫌いで、開拓者精神旺盛。

＜八犬伝グループ＞ 一生を支える支援関係、仕事などで出逢いやすい関係

639	731	832	933	134	235	336	437	538
641	742	843	944	145	246	347	448	549
652	753	854	955	156	257	358	459	551
663	764	865	966	167	268	369	461	562
674	775	876	977	**178**	279	371	472	573
685	786	887	988	189	281	382	483	584
696	797	898	999	191	292	393	494	595
718	819	911	112	213	314	415	516	617
729	821	922	123	224	325	426	527	628

銀

目標　一途　感性　責任感　意志が強い　開拓者　納得いく人生

紺・藍色

紫

〈あなたの周りにいる178の人〉

氏名：　　　　生年月日：　　年　　月　　日

氏名：　　　　生年月日：　　年　　月　　日

氏名：　　　　生年月日：　　年　　月　　日

氏名：　　　　生年月日：　　年　　月　　日

氏名：　　　　生年月日：　　年　　月　　日

189の人

銀 紫 金・黄

目標 一途 感性 期待されると頑張る 開拓者 納得いく人生

〈あなたの知りたい情報〉

心相数　189	基本数　639	ポジション数　3	運気数　1

〈あなたの特別の運命の人〉 三千年の旅をして出逢った人

1	合計して999になる人	819
2	同じ数の人	189
3	並び換えの人	819
4	受胎数・運気数グループ 9名	189 268 347 426 595 674 753 832 911

〈相性判定の基本数グループ〉 親子の流れ、恋人夫婦間、様々な相性の良い関係のグループ

基本数が同じ 369　639	213 246 279 516 549 573 819 843 876 369 123 156 189 426 459 483 729 753 786 639

〈あなたの親子の関係は〉 第三グループ	親を愛していないわけではないのですが、親元を離れていく傾向が強く、用事のあるときだけ帰ります。

〈組織での動きや仕事傾向〉 第三グループ	組織に拘らない、執着もうすい。納得のいく仕事がテーマ。人と同じにみられるのが嫌いで、開拓者精神旺盛。

＜八犬伝グループ＞ 一生を支える支援関係、仕事などで出逢いやすい関係

641	742	843	944	145	246	347	448	549
652	753	854	955	156	257	358	459	551
663	764	865	966	167	268	369	461	562
674	775	876	977	178	279	371	472	573
685	786	887	988	**189**	281	382	483	584
696	797	898	999	191	292	393	494	595
718	819	911	112	213	314	415	516	617
729	821	922	123	224	325	426	527	628
731	832	933	134	235	336	437	538	639

〈あなたの周りにいる189の人〉

氏名：　　　　　　　　　　生年月日：　　　年　　　月　　　日

氏名：　　　　　　　　　　生年月日：　　　年　　　月　　　日

氏名：　　　　　　　　　　生年月日：　　　年　　　月　　　日

氏名：　　　　　　　　　　生年月日：　　　年　　　月　　　日

氏名：　　　　　　　　　　生年月日：　　　年　　　月　　　日

〈あなたの知りたい情報〉

心相数 191	基本数 696	ポジション数 3	運気数 2

〈あなたの特別の運命の人〉　三千年の旅をして出逢った人

1	合計して999になる人	898
2	同じ数の人	191
3	並び換えの人	911
4	受胎数・運気数グループ 9名	191 279 358 437 516 685 764 843 922

〈相性判定の基本数グループ〉　親子の流れ、恋人夫婦間、様々な相性の良い関係のグループ

基本数が同じ 393　696	235 268 292 538 562 595 832 865 898 393 134 167 191 437 461 494 731 764 797 696

〈あなたの親子の関係は〉 第三グループ	親を愛していないわけではないのですが、親元を離れて いく傾向が強く、用事のあるときだけ帰ります。
〈組織での動きや仕事傾向〉 第三グループ	組織に拘らない、執着もうすい。納得のいく仕事がテーマ。 人と同じにみられるのが嫌いで、開拓者精神旺盛。

＜八犬伝グループ＞　一生を支える支援関係、仕事などで出逢いやすい関係

652	753	854	955	156	257	358	459	551
663	764	865	966	167	268	369	461	562
674	775	876	977	178	279	371	472	573
685	786	887	988	189	281	382	483	584
696	797	898	999	**191**	292	393	494	595
718	819	911	112	213	314	415	516	617
729	821	922	123	224	325	426	527	628
731	832	933	134	235	336	437	538	639
742	843	944	145	246	347	448	549	641

〈あなたの周りにいる191の人〉

氏名：	生年月日：	年	月	日
氏名：	生年月日：	年	月	日
氏名：	生年月日：	年	月	日
氏名：	生年月日：	年	月	日
氏名：	生年月日：	年	月	日

191の人

目標　一途　感性　参謀役　分析力　組織を護る象徴　開拓者　納得いく人生

銀　金・黄　銀

感性　行動力　マイペース　目標　一途　感性　開拓者　納得いく人生

〈あなたの知りたい情報〉

心相数　213	基本数　369	ポジション数　3	運気数　5

〈あなたの特別の運命の人〉　三千年の旅をして出逢った人

1	合計して999になる人	786
2	同じ数の人	213
3	並び換えの人	123
4	受胎数・運気数グループ 9名	134 213 382 461 549 628 797 876 955

〈相性判定の基本数グループ〉　親子の流れ、恋人夫婦間、様々な相性の良い関係のグループ

基本数が同じ 639　369	123 156 189 426 459 483 729 753 786 639 213 246 279 516 549 573 819 843 876 369

〈あなたの親子の関係は〉 第三グループ	親を愛していないわけではないのですが、親元を離れていく傾向が強く、用事のあるときだけ帰ります。

〈組織での動きや仕事傾向〉 第三グループ	組織に拘らない、執着もうすい。納得のいく仕事がテーマ。人と同じにみられるのが嫌いで、開拓者精神旺盛。

<八犬伝グループ> 一生を支える支援関係、仕事などで出逢いやすい関係

663	764	865	966	167	268	369	461	562
674	775	876	977	178	279	371	472	573
685	786	887	988	189	281	382	483	584
696	797	898	999	191	292	393	494	595
718	819	911	112	**213**	314	415	516	617
729	821	922	123	224	325	426	527	628
731	832	933	134	235	336	437	538	639
742	843	944	145	246	347	448	549	641
753	854	955	156	257	358	459	551	652

〈あなたの周りにいる213の人〉

氏名：　　　　生年月日：　　年　　月　　日

氏名：　　　　生年月日：　　年　　月　　日

氏名：　　　　生年月日：　　年　　月　　日

氏名：　　　　生年月日：　　年　　月　　日

氏名：　　　　生年月日：　　年　　月　　日

〈あなたの知りたい情報〉

心相数　224	基本数　336	ポジション数　1	運気数　6

〈あなたの特別の運命の人〉 三千年の旅をして出逢った人

1	合計して999になる人	775
2	同じ数の人	224
3	並び換えの人	224
4	受胎数・運気数グループ 9名	145 224 393 472 551 639 718 887 966

〈相性判定の基本数グループ〉 親子の流れ、恋人夫婦間、様々な相性の良い関係のグループ

基本数が同じ 663　336	112 145 178 415 448 472 718 742 775 663 224 257 281 527 551 584 821 854 887 336

〈あなたの親子の関係は〉 第一グループ	親を継ぐ数字。親との関係が深く親の面倒をみる役割。 親にみられる場合もあり、長男長女で生まれやすい。

〈組織での動きや仕事傾向〉 第一グループ	組織を大きくする能力、拡大志向。 マネジメント能力がある。組織の中で力を発揮する。

＜八犬伝グループ＞ 一生を支える支援関係、仕事などで出逢いやすい関係

674	775	876	977	178	279	371	472	573
685	786	887	988	189	281	382	483	584
696	797	898	999	191	292	393	494	595
718	819	911	112	213	314	415	516	617
729	821	922	123	**224**	325	426	527	628
731	832	933	134	235	336	437	538	639
742	843	944	145	246	347	448	549	641
753	854	955	156	257	358	459	551	652
764	865	966	167	268	369	461	562	663

〈あなたの周りにいる224の人〉

氏名：　　　　生年月日：　　年　　月　　日

氏名：　　　　生年月日：　　年　　月　　日

氏名：　　　　生年月日：　　年　　月　　日

氏名：　　　　生年月日：　　年　　月　　日

氏名：　　　　生年月日：　　年　　月　　日

赤・ピンク

赤・ピンク

黄

感性　行動力　マイペース　拡大志向　人の上に立ちたがる　組織の中で力を発揮

235の人

赤・ピンク　オレンジ　緑

感性　行動力　マイペース　楽天的　調整　人の協力を得られる

〈あなたの知りたい情報〉

心相数　235	基本数　393	ポジション数　2	運気数　7

〈あなたの特別の運命の人〉　三千年の旅をして出逢った人

1	合計して999になる人	764
2	同じ数の人	235
3	並び換えの人	325
4	受胎数・運気数グループ 9名	156 235 314 483 562 641 729 898 977

〈相性判定の基本数グループ〉　親子の流れ、恋人夫婦間、様々な相性の良い関係のグループ

基本数が同じ 696　393	134 167 191 437 461 494 731 764 797 696 235 268 292 538 562 595 832 865 898 393

〈あなたの親子の関係は〉 第二グループ	ピンチヒッター役で、誰も親の面倒をみる人がいないと役割がまわってきます。

〈組織での動きや仕事傾向〉 第二グループ	二番手が向いている。一番手になろうとすると辛い。 番頭役や調整役に適している。

<八犬伝グループ>　一生を支える支援関係、仕事などで出逢いやすい関係

685	786	887	988	189	281	382	483	584
696	797	898	999	191	292	393	494	595
718	819	911	112	213	314	415	516	617
729	821	922	123	224	325	426	527	628
731	832	933	134	235	336	437	538	639
742	843	944	145	246	347	448	549	641
753	854	955	156	257	358	459	551	652
764	865	966	167	268	369	461	562	663
775	876	977	178	279	371	472	573	674

〈あなたの周りにいる235の人〉

氏名：　　　　生年月日：　　　年　　　月　　　日

氏名：　　　　生年月日：　　　年　　　月　　　日

氏名：　　　　生年月日：　　　年　　　月　　　日

氏名：　　　　生年月日：　　　年　　　月　　　日

氏名：　　　　生年月日：　　　年　　　月　　　日

赤・ピンク　黄　青

感性　行動力　マイペース　直感　人脈　調整　人の協力を得られる

〈あなたの知りたい情報〉

心相数　246	基本数　369	ポジション数　2	運気数　8

〈あなたの特別の運命の人〉　三千年の旅をして出逢った人

1	合計して999になる人	753
2	同じ数の人	246
3	並び換えの人	426
4	受胎数・運気数グループ 9名	167 246 325 494 573 652 731 819 988

〈相性判定の基本数グループ〉　親子の流れ、恋人夫婦間、様々な相性の良い関係のグループ

基本数が同じ 639　369	123 156 189 426 459 483 729 753 786 639 213 246 279 516 549 573 819 843 876 369

〈あなたの親子の関係は〉 第二グループ	ピンチヒッター役で、誰も親の面倒をみる人がいないと役割がまわってきます。

〈組織での動きや仕事傾向〉 第二グループ	二番手が向いている。一番手になろうとすると辛い。 番頭役や調整役に適している。

＜八犬伝グループ＞ 一生を支える支援関係、仕事などで出逢いやすい関係

696	797	898	999	191	292	393	494	595
718	819	911	112	213	314	415	516	617
729	821	922	123	224	325	426	527	628
731	832	933	134	235	336	437	538	639
742	843	944	145	**246**	347	448	549	641
753	854	955	156	257	358	459	551	652
764	865	966	167	268	369	461	562	663
775	876	977	178	279	371	472	573	674
786	887	988	189	281	382	483	584	685

〈あなたの周りにいる246の人〉

氏名：　　　　生年月日：　　年　　月　　日

氏名：　　　　生年月日：　　年　　月　　日

氏名：　　　　生年月日：　　年　　月　　日

氏名：　　　　生年月日：　　年　　月　　日

氏名：　　　　生年月日：　　年　　月　　日

257の人

赤・ピンク　緑　紺・藍色

感性　行動力　マイペース　人間関係の人　拡大志向　人の上に立ちたがる　組織の中で力を発揮

〈あなたの知りたい情報〉

心相数　257	基本数　336	ポジション数　1	運気数　9

〈あなたの特別の運命の人〉　三千年の旅をして出逢った人

1	合計して999になる人	742
2	同じ数の人	257
3	並び換えの人	527
4	受胎数・運気数グループ 9名	178 257 336 415 584 663 742 821 999

〈相性判定の基本数グループ〉　親子の流れ、恋人夫婦間、様々な相性の良い関係のグループ

基本数が同じ 663　336	112 145 178 415 448 472 718 742 775 663 224 257 281 527 551 584 821 854 887 336

〈あなたの親子の関係は〉 第一グループ	親を継ぐ数字。親との関係が深く親の面倒をみる役割。 親にみられる場合もあり、長男長女で生まれやすい。

〈組織での動きや仕事傾向〉 第一グループ	組織を大きくする能力、拡大志向。 マネジメント能力がある。組織の中で力を発揮する。

<八犬伝グループ> 一生を支える支援関係、仕事などで出逢いやすい関係

718	819	911	112	213	314	415	516	617
729	821	922	123	224	325	426	527	628
731	832	933	134	235	336	437	538	639
742	843	944	145	246	347	448	549	641
753	854	955	156	**257**	358	459	551	652
764	865	966	167	268	369	461	562	663
775	876	977	178	279	371	472	573	674
786	887	988	189	281	382	483	584	685
797	898	999	191	292	393	494	595	696

〈あなたの周りにいる257の人〉

氏名：　　　　　　　　　　生年月日：　　　年　　　月　　　日

氏名：　　　　　　　　　　生年月日：　　　年　　　月　　　日

氏名：　　　　　　　　　　生年月日：　　　年　　　月　　　日

氏名：　　　　　　　　　　生年月日：　　　年　　　月　　　日

氏名：　　　　　　　　　　生年月日：　　　年　　　月　　　日

268の人

赤・ピンク　青　紫

感性　行動力　マイペース　人間関係　器用　開拓者　納得いく人生

〈あなたの知りたい情報〉

心相数　268	基本数　393	ポジション数　3	運気数　1

〈あなたの特別の運命の人〉　三千年の旅をして出逢った人

1	合計して999になる人	731
2	同じ数の人	268
3	並び換えの人	628
4	受胎数・運気数グループ 9名	189 268 347 426 595 674 753 832 911

〈相性判定の基本数グループ〉　親子の流れ、恋人夫婦間、様々な相性の良い関係のグループ

基本数が同じ 696　393	134 167 191 437 461 494 731 764 797 696 235 268 292 538 562 595 832 865 898 393

〈あなたの親子の関係は〉 第三グループ	親を愛していないわけではないのですが、親元を離れていく傾向が強く、用事のあるときだけ帰ります。

〈組織での動きや仕事傾向〉 第三グループ	組織に拘らない、執着もうすい。納得のいく仕事がテーマ。人と同じにみられるのが嫌いで、開拓者精神旺盛。

＜八犬伝グループ＞ 一生を支える支援関係、仕事などで出逢いやすい関係

729	821	922	123	224	325	426	527	628
731	832	933	134	235	336	437	538	639
742	843	944	145	246	347	448	549	641
753	854	955	156	257	358	459	551	652
764	865	966	167	**268**	369	461	562	663
775	876	977	178	279	371	472	573	674
786	887	988	189	281	382	483	584	685
797	898	999	191	292	393	494	595	696
819	911	112	213	314	415	516	617	718

〈あなたの周りにいる268の人〉

氏名：　生年月日：　年　月　日

氏名：　生年月日：　年　月　日

氏名：　生年月日：　年　月　日

氏名：　生年月日：　年　月　日

氏名：　生年月日：　年　月　日

279の人

赤・ピンク　紺・藍色　金・黄

感性　行動力　マイペース　意志が強い　拡大志向　人の上に立ちたがる　組織の中で力を発揮

〈あなたの知りたい情報〉

心相数　279	基本数　369	ポジション数　1	運気数　2

〈あなたの特別の運命の人〉　三千年の旅をして出逢った人

1	合計して999になる人	729
2	同じ数の人	279
3	並び換えの人	729
4	受胎数・運気数グループ 9名	191 279 358 437 516 685 764 843 922

〈相性判定の基本数グループ〉　親子の流れ、恋人夫婦間、様々な相性の良い関係のグループ

基本数が同じ 639　369	123 156 189 426 459 483 729 753 786 639 213 246 279 516 549 573 819 843 876 369

〈あなたの親子の関係は〉 第一グループ	親を継ぐ数字。親との関係が深く親の面倒をみる役割。 親にみられる場合もあり、長男長女で生まれやすい。

〈組織での動きや仕事傾向〉 第一グループ	組織を大きくする能力、拡大志向。 マネジメント能力がある。組織の中で力を発揮する。

＜八犬伝グループ＞ 一生を支える支援関係、仕事などで出逢いやすい関係

731	832	933	134	235	336	437	538	639
742	843	944	145	246	347	448	549	641
753	854	955	156	257	358	459	551	652
764	865	966	167	268	369	461	562	663
775	876	977	178	**279**	371	472	573	674
786	887	988	189	281	382	483	584	685
797	898	999	191	292	393	494	595	696
819	911	112	213	314	415	516	617	718
821	922	123	224	325	426	527	628	729

〈あなたの周りにいる279の人〉

氏名：　　　　　　　　　　生年月日：　　年　　月　　日

氏名：　　　　　　　　　　生年月日：　　年　　月　　日

氏名：　　　　　　　　　　生年月日：　　年　　月　　日

氏名：　　　　　　　　　　生年月日：　　年　　月　　日

氏名：　　　　　　　　　　生年月日：　　年　　月　　日

281の人

赤・ピンク　紫　銀

感性　行動力　マイペース　人をまとめる　拡大志向　人の上に立ちたがる　組織の中で力を発揮

〈あなたの知りたい情報〉

心相数　281	基本数　336	ポジション数　1	運気数　3

〈あなたの特別の運命の人〉　三千年の旅をして出逢った人

1	合計して999になる人	718
2	同じ数の人	281
3	並び換えの人	821
4	受胎数・運気数グループ 9名	112 281 369 448 527 696 775 854 933

〈相性判定の基本数グループ〉　親子の流れ、恋人夫婦間、様々な相性の良い関係のグループ

基本数が同じ 663　336	112 145 178 415 448 472 718 742 775 663 224 257 281 527 551 584 821 854 887 336

〈あなたの親子の関係は〉 第一グループ	親を継ぐ数字。親との関係が深く親の面倒をみる役割。 親にみられる場合もあり、長男長女で生まれやすい。

〈組織での動きや仕事傾向〉 第一グループ	組織を大きくする能力、拡大志向。 マネジメント能力がある。組織の中で力を発揮する。

<八犬伝グループ> 一生を支える支援関係、仕事などで出逢いやすい関係

742	843	944	145	246	347	448	549	641
753	854	955	156	257	358	459	551	652
764	865	966	167	268	369	461	562	663
775	876	977	178	279	371	472	573	674
786	887	988	189	**281**	382	483	584	685
797	898	999	191	292	393	494	595	696
819	911	112	213	314	415	516	617	718
821	922	123	224	325	426	527	628	729
832	933	134	235	336	437	538	639	731

〈あなたの周りにいる281の人〉

氏名：　生年月日：　年　月　日

氏名：　生年月日：　年　月　日

氏名：　生年月日：　年　月　日

氏名：　生年月日：　年　月　日

氏名：　生年月日：　年　月　日

赤・ピンク　金・黄　赤・ピンク

感性　行動力　マイペース　参謀役　分析力　組織を護る象徴　拡大志向　人の上に立ちたがる　組織の中で力を発揮

〈あなたの知りたい情報〉

心相数　292	基本数　393	ポジション数　1	運気数　4

〈あなたの特別の運命の人〉　三千年の旅をして出逢った人

1	合計して999になる人	797
2	同じ数の人	292
3	並び換えの人	922
4	受胎数・運気数グループ 9名	123 292 371 459 538 617 786 865 944

〈相性判定の基本数グループ〉　親子の流れ、恋人夫婦間、様々な相性の良い関係のグループ

基本数が同じ 696　393	134 167 191 437 461 494 731 764 797 696 235 268 292 538 562 595 832 865 898 393

〈あなたの親子の関係は〉 第一グループ	親を継ぐ数字。親との関係が深く親の面倒をみる役割。 親にみられる場合もあり、長男長女で生まれやすい。

〈組織での動きや仕事傾向〉 第一グループ	組織を大きくする能力、拡大志向。 マネジメント能力がある。組織の中で力を発揮する。

＜八犬伝グループ＞ 一生を支える支援関係、仕事などで出逢いやすい関係

753	854	955	156	257	358	459	551	652
764	865	966	167	268	369	461	562	663
775	876	977	178	279	371	472	573	674
786	887	988	189	281	382	483	584	685
797	898	999	191	**292**	393	494	595	696
819	911	112	213	314	415	516	617	718
821	922	123	224	325	426	527	628	729
832	933	134	235	336	437	538	639	731
843	944	145	246	347	448	549	641	742

〈あなたの周りにいる292の人〉

氏名：　　　　　生年月日：　　年　　月　　日

氏名：　　　　　生年月日：　　年　　月　　日

氏名：　　　　　生年月日：　　年　　月　　日

氏名：　　　　　生年月日：　　年　　月　　日

氏名：　　　　　生年月日：　　年　　月　　日

314の人

オレンジ　銀　黄

行動力　感性　楽天的　目標一途　拡大志向　人の上に立ちたがる　組織の中で力を発揮

〈あなたの知りたい情報〉

心相数　314	基本数　966	ポジション数　1	運気数　7

〈あなたの特別の運命の人〉　三千年の旅をして出逢った人

1	合計して999になる人	685
2	同じ数の人	314
3	並び換えの人	134
4	受胎数・運気数グループ 9名	156 235 314 483 562 641 729 898 977

〈相性判定の基本数グループ〉　親子の流れ、恋人夫婦間、様々な相性の良い関係のグループ

基本数が同じ 933　966	325 358 382 628 652 685 922 955 988 933 314 347 371 617 641 674 911 944 977 966

〈あなたの親子の関係は〉 第一グループ	親を継ぐ数字。親との関係が深く親の面倒をみる役割。 親にみられる場合もあり、長男長女で生まれやすい。

〈組織での動きや仕事傾向〉 第一グループ	組織を大きくする能力、拡大志向。 マネジメント能力がある。組織の中で力を発揮する。

＜八犬伝グループ＞　一生を支える支援関係、仕事などで出逢いやすい関係

764	865	966	167	268	369	461	562	663
775	876	977	178	279	371	472	573	674
786	887	988	189	281	382	483	584	685
797	898	999	191	292	393	494	595	696
819	911	112	213	**314**	415	516	617	718
821	922	123	224	325	426	527	628	729
832	933	134	235	336	437	538	639	731
843	944	145	246	347	448	549	641	742
854	955	156	257	358	459	551	652	753

〈あなたの周りにいる314の人〉

氏名：　生年月日：　年　月　日

氏名：　生年月日：　年　月　日

氏名：　生年月日：　年　月　日

氏名：　生年月日：　年　月　日

氏名：　生年月日：　年　月　日

325の人

オレンジ　赤・ピンク　緑

行動力　感性　楽天的　マイペース　開拓者　納得いく人生

〈あなたの知りたい情報〉

心相数　325	基本数　933	ポジション数　3	運気数　8

〈あなたの特別の運命の人〉　三千年の旅をして出逢った人

1	合計して999になる人	674
2	同じ数の人	325
3	並び換えの人	235
4	受胎数・運気数グループ 9名	167 246 325 494 573 652 731 819 988

〈相性判定の基本数グループ〉　親子の流れ、恋人夫婦間、様々な相性の良い関係のグループ

基本数が同じ 966　933	314 347 371 617 641 674 911 944 977 966 325 358 382 628 652 685 922 955 988 933

〈あなたの親子の関係は〉 第三グループ	親を愛していないわけではないのですが、親元を離れていく傾向が強く、用事のあるときだけ帰ります。

〈組織での動きや仕事傾向〉 第三グループ	組織に拘らない、執着もうすい。納得のいく仕事がテーマ。人と同じにみられるのが嫌いで、開拓者精神旺盛。

＜八犬伝グループ＞ 一生を支える支援関係、仕事などで出逢いやすい関係

775	876	977	178	279	371	472	573	674
786	887	988	189	281	382	483	584	685
797	898	999	191	292	393	494	595	696
819	911	112	213	314	415	516	617	718
821	922	123	224	**325**	426	527	628	729
832	933	134	235	336	437	538	639	731
843	944	145	246	347	448	549	641	742
854	955	156	257	358	459	551	652	753
865	966	167	268	369	461	562	663	764

〈あなたの周りにいる325の人〉

氏名：　　生年月日：　　年　　月　　日

氏名：　　生年月日：　　年　　月　　日

氏名：　　生年月日：　　年　　月　　日

氏名：　　生年月日：　　年　　月　　日

氏名：　　生年月日：　　年　　月　　日

〈あなたの知りたい情報〉

心相数 336	基本数 336	ポジション数 3	運気数 9

〈あなたの特別の運命の人〉 三千年の旅をして出逢った人

1	合計して999になる人	663
2	同じ数の人	336
3	並び換えの人	336
4	受胎数・運気数グループ 9名	178 257 336 415 584 663 742 821 999

〈相性判定の基本数グループ〉 親子の流れ、恋人夫婦間、様々な相性の良い関係のグループ

基本数が同じ 663 336	112 145 178 415 448 472 718 742 775 663 224 257 281 527 551 584 821 854 887 336

〈あなたの親子の関係は〉 第三グループ	親を愛していないわけではないのですが、親元を離れていく傾向が強く、用事のあるときだけ帰ります。

〈組織での動きや仕事傾向〉 第三グループ	組織に拘らない、執着もうすい。納得のいく仕事がテーマ。人と同じにみられるのが嫌いで、開拓者精神旺盛。

＜八犬伝グループ＞ 一生を支える支援関係、仕事などで出逢いやすい関係

786	887	988	189	281	382	483	584	685
797	898	999	191	292	393	494	595	696
819	911	112	213	314	415	516	617	718
821	922	123	224	325	426	527	628	729
832	933	134	235	**336**	437	538	639	731
843	944	145	246	347	448	549	641	742
854	955	156	257	358	459	551	652	753
865	966	167	268	369	461	562	663	764
876	977	178	279	371	472	573	674	775

〈あなたの周りにいる336の人〉

氏名：　　　　　　　　生年月日：　　　年　　　月　　　日

氏名：　　　　　　　　生年月日：　　　年　　　月　　　日

氏名：　　　　　　　　生年月日：　　　年　　　月　　　日

氏名：　　　　　　　　生年月日：　　　年　　　月　　　日

氏名：　　　　　　　　生年月日：　　　年　　　月　　　日

347の人

オレンジ

黄

紺・藍色

行動力　感性　楽天的　直感　人脈　開拓者　納得いく人生

〈あなたの知りたい情報〉

心相数　347	基本数　966	ポジション数　3	運気数　1

〈あなたの特別の運命の人〉 三千年の旅をして出逢った人

1	合計して999になる人	652
2	同じ数の人	347
3	並び換えの人	437
4	受胎数・運気数グループ 9名	189 268 347 426 595 674 753 832 911

〈相性判定の基本数グループ〉 親子の流れ、恋人夫婦間、様々な相性の良い関係のグループ

基本数が同じ 933　966	325 358 382 628 652 685 922 955 988 933 314 347 371 617 641 674 911 944 977 966

〈あなたの親子の関係は〉 第三グループ	親を愛していないわけではないのですが、親元を離れていく傾向が強く、用事のあるときだけ帰ります。
〈組織での動きや仕事傾向〉 第三グループ	組織に拘らない、執着もうすい。納得のいく仕事がテーマ。人と同じにみられるのが嫌いで、開拓者精神旺盛。

<八犬伝グループ> 一生を支える支援関係、仕事などで出逢いやすい関係

797	898	999	191	292	393	494	595	696
819	911	112	213	314	415	516	617	718
821	922	123	224	325	426	527	628	729
832	933	134	235	336	437	538	639	731
843	944	145	246	**347**	448	549	641	742
854	955	156	257	358	459	551	652	753
865	966	167	268	369	461	562	663	764
876	977	178	279	371	472	573	674	775
887	988	189	281	382	483	584	685	786

〈あなたの周りにいる347の人〉

氏名：　　　　生年月日：　　年　　月　　日

氏名：　　　　生年月日：　　年　　月　　日

氏名：　　　　生年月日：　　年　　月　　日

氏名：　　　　生年月日：　　年　　月　　日

氏名：　　　　生年月日：　　年　　月　　日

〈あなたの知りたい情報〉

心相数　358	基本数　933	ポジション数　1	運気数　2

〈あなたの特別の運命の人〉　三千年の旅をして出逢った人

1	合計して999になる人	641
2	同じ数の人	358
3	並び換えの人	538
4	受胎数・運気数グループ 9名	191 279 358 437 516 685 764 843 922

〈相性判定の基本数グループ〉　親子の流れ、恋人夫婦間、様々な相性の良い関係のグループ

基本数が同じ 966　933	314 347 371 617 641 674 911 944 977 966 325 358 382 628 652 685 922 955 988 933

〈あなたの親子の関係は〉 第一グループ	親を継ぐ数字。親との関係が深く親の面倒をみる役割。 親にみられる場合もあり、長男長女で生まれやすい。

〈組織での動きや仕事傾向〉 第一グループ	組織を大きくする能力、拡大志向。 マネジメント能力がある。組織の中で力を発揮する。

＜八犬伝グループ＞一生を支える支援関係、仕事などで出逢いやすい関係

819	911	112	213	314	415	516	617	718
821	922	123	224	325	426	527	628	729
832	933	134	235	336	437	538	639	731
843	944	145	246	347	448	549	641	742
854	955	156	257	**358**	459	551	652	753
865	966	167	268	369	461	562	663	764
876	977	178	279	371	472	573	674	775
887	988	189	281	382	483	584	685	786
898	999	191	292	393	494	595	696	797

〈あなたの周りにいる358の人〉

氏名：　　　　生年月日：　　年　　月　　日

氏名：　　　　生年月日：　　年　　月　　日

氏名：　　　　生年月日：　　年　　月　　日

氏名：　　　　生年月日：　　年　　月　　日

氏名：　　　　生年月日：　　年　　月　　日

オレンジ　緑　紫

行動力　感性　楽天的　気配り　安定　拡大志向　人の上に立ちたがる　組織の中で力を発揮

369の人

オレンジ　青　金・黄

行動力　感性　楽天的　人間関係　人が好き　拡大志向　人の上に立ちたがる　組織の中で力を発揮

〈あなたの知りたい情報〉

心相数　369	基本数　369	ポジション数　1	運気数　3

〈あなたの特別の運命の人〉　三千年の旅をして出逢った人

1	合計して999になる人	639
2	同じ数の人	369
3	並び換えの人	639
4	受胎数・運気数グループ 9名	112 281 369 448 527 696 775 854 933

〈相性判定の基本数グループ〉　親子の流れ、恋人夫婦間、様々な相性の良い関係のグループ

基本数が同じ 639　369	123 156 189 426 459 483 729 753 786 639 213 246 279 516 549 573 819 843 876 369

〈あなたの親子の関係は〉 第一グループ	親を継ぐ数字。親との関係が深く親の面倒をみる役割。 親にみられる場合もあり、長男長女で生まれやすい。

〈組織での動きや仕事傾向〉 第一グループ	組織を大きくする能力、拡大志向。 マネジメント能力がある。組織の中で力を発揮する。

＜八犬伝グループ＞ 一生を支える支援関係、仕事などで出逢いやすい関係

821	922	123	224	325	426	527	628	729
832	933	134	235	336	437	538	639	731
843	944	145	246	347	448	549	641	742
854	955	156	257	358	459	551	652	753
865	966	167	268	**369**	461	562	663	764
876	977	178	279	371	472	573	674	775
887	988	189	281	382	483	584	685	786
898	999	191	292	393	494	595	696	797
911	112	213	314	415	516	617	718	819

〈あなたの周りにいる369の人〉

氏名：　　　　生年月日：　　年　　月　　日

氏名：　　　　生年月日：　　年　　月　　日

氏名：　　　　生年月日：　　年　　月　　日

氏名：　　　　生年月日：　　年　　月　　日

氏名：　　　　生年月日：　　年　　月　　日

371の人

オレンジ

紺・藍色

銀

行動力　感性　楽天的　意志が強い　職人　調整　人の協力を得られる

〈あなたの知りたい情報〉

心相数　371	基本数　966	ポジション数　2	運気数　4

〈あなたの特別の運命の人〉　三千年の旅をして出逢った人

1	合計して999になる人	628
2	同じ数の人	371
3	並び換えの人	731
4	受胎数・運気数グループ 9名	123 292 371 459 538 617 786 865 944

〈相性判定の基本数グループ〉　親子の流れ、恋人夫婦間、様々な相性の良い関係のグループ

基本数が同じ 933　966	325 358 382 628 652 685 922 955 988 933 314 347 371 617 641 674 911 944 977 966

〈あなたの親子の関係は〉 第二グループ	ピンチヒッター役で、誰も親の面倒をみる人がいないと役割がまわってきます。

〈組織での動きや仕事傾向〉 第二グループ	二番手が向いている。一番手になろうとすると辛い。 番頭役や調整役に適している。

＜八犬伝グループ＞一生を支える支援関係、仕事などで出逢いやすい関係

832	933	134	235	336	437	538	639	731
843	944	145	246	347	448	549	641	742
854	955	156	257	358	459	551	652	753
865	966	167	268	369	461	562	663	764
876	977	178	279	**371**	472	573	674	775
887	988	189	281	382	483	584	685	786
898	999	191	292	393	494	595	696	797
911	112	213	314	415	516	617	718	819
922	123	224	325	426	527	628	729	821

〈あなたの周りにいる371の人〉

氏名：　　　　生年月日：　　　年　　　月　　　日

氏名：　　　　生年月日：　　　年　　　月　　　日

氏名：　　　　生年月日：　　　年　　　月　　　日

氏名：　　　　生年月日：　　　年　　　月　　　日

氏名：　　　　生年月日：　　　年　　　月　　　日

382の人

オレンジ　紫　赤・ピンク

行動力　感性　楽天的　人をまとめる　期待されると頑張る　調整　人の協力を得られる

〈あなたの知りたい情報〉

心相数　382	基本数　933	ポジション数　2	運気数　5

〈あなたの特別の運命の人〉　三千年の旅をして出逢った人

1	合計して999になる人	617
2	同じ数の人	382
3	並び換えの人	832
4	受胎数・運気数グループ 9名	134 213 382 461 549 628 797 876 955

〈相性判定の基本数グループ〉　親子の流れ、恋人夫婦間、様々な相性の良い関係のグループ

基本数が同じ 966　933	314 347 371 617 641 674 911 944 977 966 325 358 382 628 652 685 922 955 988 933

〈あなたの親子の関係は〉 第二グループ	ピンチヒッター役で、誰も親の面倒をみる人がいないと役割がまわってきます。

〈組織での動きや仕事傾向〉 第二グループ	二番手が向いている。一番手になろうとすると辛い。 番頭役や調整役に適している。

＜八犬伝グループ＞一生を支える支援関係、仕事などで出逢いやすい関係

843	944	145	246	347	448	549	641	742
854	955	156	257	358	459	551	652	753
865	966	167	268	369	461	562	663	764
876	977	178	279	371	472	573	674	775
887	988	189	281	**382**	483	584	685	786
898	999	191	292	393	494	595	696	797
911	112	213	314	415	516	617	718	819
922	123	224	325	426	527	628	729	821
933	134	235	336	437	538	639	731	832

〈あなたの周りにいる382の人〉

氏名：　生年月日：　年　月　日

氏名：　生年月日：　年　月　日

氏名：　生年月日：　年　月　日

氏名：　生年月日：　年　月　日

氏名：　生年月日：　年　月　日

〈あなたの知りたい情報〉

心相数　393	基本数　393	ポジション数　2	運気数　6

〈あなたの特別の運命の人〉　三千年の旅をして出逢った人

1	合計して999になる人	696
2	同じ数の人	393
3	並び換えの人	933
4	受胎数・運気数グループ 9名	145 224 393 472 551 639 718 887 966

〈相性判定の基本数グループ〉　親子の流れ、恋人夫婦間、様々な相性の良い関係のグループ

基本数が同じ 696　393	134 167 191 437 461 494 731 764 797 696 235 268 292 538 562 595 832 865 898 393

〈あなたの親子の関係は〉 第二グループ	ピンチヒッター役で、誰も親の面倒をみる人がいないと役割がまわってきます。

〈組織での動きや仕事傾向〉 第二グループ	二番手が向いている。一番手になろうとすると辛い。 番頭役や調整役に適している。

＜八犬伝グループ＞一生を支える支援関係、仕事などで出逢いやすい関係

854	955	156	257	358	459	551	652	753
865	966	167	268	369	461	562	663	764
876	977	178	279	371	472	573	674	775
887	988	189	281	382	483	584	685	786
898	999	191	292	**393**	494	595	696	797
911	112	213	314	415	516	617	718	819
922	123	224	325	426	527	628	729	821
933	134	235	336	437	538	639	731	832
944	145	246	347	448	549	641	742	843

〈あなたの周りにいる393の人〉

氏名：　　　　生年月日：　　　年　　月　　日

氏名：　　　　生年月日：　　　年　　月　　日

氏名：　　　　生年月日：　　　年　　月　　日

氏名：　　　　生年月日：　　　年　　月　　日

氏名：　　　　生年月日：　　　年　　月　　日

行動力　感性　楽天的　参謀役　分析力　組織を護る象徴　調整　人の協力を得られる

オレンジ

金・黄

オレンジ

〈あなたの知りたい情報〉

心相数　415	基本数　663	ポジション数　2	運気数　9

〈あなたの特別の運命の人〉 三千年の旅をして出逢った人

1	合計して999になる人	584
2	同じ数の人	415
3	並び換えの人	145
4	受胎数・運気数グループ 9名	178 257 336 415 584 663 742 821 999

〈相性判定の基本数グループ〉 親子の流れ、恋人夫婦間、様々な相性の良い関係のグループ

基本数が同じ 336　663	224 257 281 527 551 584 821 854 887 336 112 145 178 415 448 472 718 742 775 663

〈あなたの親子の関係は〉 第二グループ	ピンチヒッター役で、誰も親の面倒をみる人がいないと役割がまわってきます。

〈組織での動きや仕事傾向〉 第二グループ	二番手が向いている。一番手になろうとすると辛い。 番頭役や調整役に適している。

＜八犬伝グループ＞ 一生を支える支援関係、仕事などで出逢いやすい関係

865	966	167	268	369	461	562	663	764
876	977	178	279	371	472	573	674	775
887	988	189	281	382	483	584	685	786
898	999	191	292	393	494	595	696	797
911	112	213	314	**415**	516	617	718	819
922	123	224	325	426	527	628	729	821
933	134	235	336	437	538	639	731	832
944	145	246	347	448	549	641	742	843
955	156	257	358	459	551	652	753	854

〈あなたの周りにいる415の人〉

氏名：　　　　生年月日：　　年　　月　　日

氏名：　　　　生年月日：　　年　　月　　日

氏名：　　　　生年月日：　　年　　月　　日

氏名：　　　　生年月日：　　年　　月　　日

氏名：　　　　生年月日：　　年　　月　　日

黄　赤・ピンク　青

行動力　直感　人脈　感性　マイペース　拡大志向　人の上に立ちたがる　組織の中で力を発揮

〈あなたの知りたい情報〉

心相数　426	基本数　639	ポジション数　1	運気数　1

〈あなたの特別の運命の人〉　三千年の旅をして出逢った人

1	合計して999になる人	573
2	同じ数の人	426
3	並び換えの人	246
4	受胎数・運気数グループ 9名	189 268 347 426 595 674 753 832 911

〈相性判定の基本数グループ〉　親子の流れ、恋人夫婦間、様々な相性の良い関係のグループ

基本数が同じ 369　639	213 246 279 516 549 573 819 843 876 369 123 156 189 426 459 483 729 753 786 639

〈あなたの親子の関係は〉 第一グループ	親を継ぐ数字。親との関係が深く親の面倒をみる役割。 親にみられる場合もあり、長男長女で生まれやすい。

〈組織での動きや仕事傾向〉 第一グループ	組織を大きくする能力、拡大志向。 マネジメント能力がある。組織の中で力を発揮する。

＜八犬伝グループ＞ 一生を支える支援関係、仕事などで出逢いやすい関係

876	977	178	279	371	472	573	674	775
887	988	189	281	382	483	584	685	786
898	999	191	292	393	494	595	696	797
911	112	213	314	415	516	617	718	819
922	123	224	325	**426**	527	628	729	821
933	134	235	336	437	538	639	731	832
944	145	246	347	448	549	641	742	843
955	156	257	358	459	551	652	753	854
966	167	268	369	461	562	663	764	865

〈あなたの周りにいる426の人〉

氏名：　　　　生年月日：　　年　　月　　日

氏名：　　　　生年月日：　　年　　月　　日

氏名：　　　　生年月日：　　年　　月　　日

氏名：　　　　生年月日：　　年　　月　　日

氏名：　　　　生年月日：　　年　　月　　日

437の人

黄　行動力

オレンジ　直感　人脈　感性　楽天的

紺・藍色　拡大志向　人の上に立ちたがる　組織の中で力を発揮

〈あなたの知りたい情報〉

心相数　437	基本数　696	ポジション数　1	運気数　2

〈あなたの特別の運命の人〉　三千年の旅をして出逢った人

1	合計して999になる人	562
2	同じ数の人	437
3	並び換えの人	347
4	受胎数・運気数グループ 9名	191 279 358 437 516 685 764 843 922

〈相性判定の基本数グループ〉　親子の流れ、恋人夫婦間、様々な相性の良い関係のグループ

基本数が同じ 393　696	235 268 292 538 562 595 832 865 898 393 134 167 191 437 461 494 731 764 797 696

〈あなたの親子の関係は〉 第一グループ	親を継ぐ数字。親との関係が深く親の面倒をみる役割。 親にみられる場合もあり、長男長女で生まれやすい。

〈組織での動きや仕事傾向〉 第一グループ	組織を大きくする能力、拡大志向。 マネジメント能力がある。組織の中で力を発揮する。

<八犬伝グループ> 一生を支える支援関係、仕事などで出逢いやすい関係

887	988	189	281	382	483	584	685	786
898	999	191	292	393	494	595	696	797
911	112	213	314	415	516	617	718	819
922	123	224	325	426	527	628	729	821
933	134	235	336	**437**	538	639	731	832
944	145	246	347	448	549	641	742	843
955	156	257	358	459	551	652	753	854
966	167	268	369	461	562	663	764	865
977	178	279	371	472	573	674	775	876

〈あなたの周りにいる437の人〉

氏名：　　　　生年月日：　　　年　　　月　　　日

氏名：　　　　生年月日：　　　年　　　月　　　日

氏名：　　　　生年月日：　　　年　　　月　　　日

氏名：　　　　生年月日：　　　年　　　月　　　日

氏名：　　　　生年月日：　　　年　　　月　　　日

黄 行動力
黄 直感
紫 人脈 調整 人の協力を得られる

〈あなたの知りたい情報〉

心相数　448	基本数　663	ポジション数　2	運気数　3

〈あなたの特別の運命の人〉　三千年の旅をして出逢った人

1	合計して999になる人	551
2	同じ数の人	448
3	並び換えの人	448
4	受胎数・運気数グループ 9名	112 281 369 448 527 696 775 854 933

〈相性判定の基本数グループ〉　親子の流れ、恋人夫婦間、様々な相性の良い関係のグループ

基本数が同じ 336　663	224 257 281 527 551 584 821 854 887 336 112 145 178 415 448 472 718 742 775 663

〈あなたの親子の関係は〉 第二グループ	ピンチヒッター役で、誰も親の面倒をみる人がいないと役割がまわってきます。

〈組織での動きや仕事傾向〉 第二グループ	二番手が向いている。一番手になろうとすると辛い。 番頭役や調整役に適している。

＜八犬伝グループ＞ 一生を支える支援関係、仕事などで出逢いやすい関係

898	999	191	292	393	494	595	696	797
911	112	213	314	415	516	617	718	819
922	123	224	325	426	527	628	729	821
933	134	235	336	437	538	639	731	832
944	145	246	347	**448**	549	641	742	843
955	156	257	358	459	551	652	753	854
966	167	268	369	461	562	663	764	865
977	178	279	371	472	573	674	775	876
988	189	281	382	483	584	685	786	887

〈あなたの周りにいる448の人〉

氏名：　　　　　　生年月日：　　年　　月　　日

氏名：　　　　　　生年月日：　　年　　月　　日

氏名：　　　　　　生年月日：　　年　　月　　日

氏名：　　　　　　生年月日：　　年　　月　　日

氏名：　　　　　　生年月日：　　年　　月　　日

459の人

黄 行動力

緑 直感 人脈

金・黄 気配り 人間関係の人 調整 人の協力を得られる

〈あなたの知りたい情報〉

心相数　459	基本数　639	ポジション数　2	運気数　4

〈あなたの特別の運命の人〉　三千年の旅をして出逢った人

1	合計して999になる人	549
2	同じ数の人	459
3	並び換えの人	549
4	受胎数・運気数グループ 9名	123 292 371 459 538 617 786 865 944

〈相性判定の基本数グループ〉　親子の流れ、恋人夫婦間、様々な相性の良い関係のグループ

基本数が同じ 369　639	213 246 279 516 549 573 819 843 876 369 123 156 189 426 459 483 729 753 786 639

〈あなたの親子の関係は〉 第二グループ	ピンチヒッター役で、誰も親の面倒をみる人がいないと役割がまわってきます。

〈組織での動きや仕事傾向〉 第二グループ	二番手が向いている。一番手になろうとすると辛い。 番頭役や調整役に適している。

<八犬伝グループ> 一生を支える支援関係、仕事などで出逢いやすい関係

911	112	213	314	415	516	617	718	819
922	123	224	325	426	527	628	729	821
933	134	235	336	437	538	639	731	832
944	145	246	347	448	549	641	742	843
955	156	257	358	**459**	551	652	753	854
966	167	268	369	461	562	663	764	865
977	178	279	371	472	573	674	775	876
988	189	281	382	483	584	685	786	887
999	191	292	393	494	595	696	797	898

〈あなたの周りにいる459の人〉

氏名：　　　　　　　　　　　生年月日：　　　年　　　月　　　日

氏名：　　　　　　　　　　　生年月日：　　　年　　　月　　　日

氏名：　　　　　　　　　　　生年月日：　　　年　　　月　　　日

氏名：　　　　　　　　　　　生年月日：　　　年　　　月　　　日

氏名：　　　　　　　　　　　生年月日：　　　年　　　月　　　日

〈あなたの知りたい情報〉

心相数　461	基本数　696	ポジション数　3	運気数　5

〈あなたの特別の運命の人〉　三千年の旅をして出逢った人

1	合計して999になる人	538
2	同じ数の人	461
3	並び換えの人	641
4	受胎数・運気数グループ 9名	134 213 382 461 549 628 797 876 955

〈相性判定の基本数グループ〉　親子の流れ、恋人夫婦間、様々な相性の良い関係のグループ

基本数が同じ 393　696	235 268 292 538 562 595 832 865 898 393 134 167 191 437 461 494 731 764 797 696

〈あなたの親子の関係は〉 第三グループ	親を愛していないわけではないのですが、親元を離れていく傾向が強く、用事のあるときだけ帰ります。

〈組織での動きや仕事傾向〉 第三グループ	組織に拘らない、執着もうすい。納得のいく仕事がテーマ。人と同じにみられるのが嫌いで、開拓者精神旺盛。

＜八犬伝グループ＞一生を支える支援関係、仕事などで出逢いやすい関係

922	123	224	325	426	527	628	729	821
933	134	235	336	437	538	639	731	832
944	145	246	347	448	549	641	742	843
955	156	257	358	459	551	652	753	854
966	167	268	369	**461**	562	663	764	865
977	178	279	371	472	573	674	775	876
988	189	281	382	483	584	685	786	887
999	191	292	393	494	595	696	797	898
112	213	314	415	516	617	718	819	911

〈あなたの周りにいる461の人〉

氏名：　　　生年月日：　　年　　月　　日

氏名：　　　生年月日：　　年　　月　　日

氏名：　　　生年月日：　　年　　月　　日

氏名：　　　生年月日：　　年　　月　　日

氏名：　　　生年月日：　　年　　月　　日

472の人

黄　行動力

紺・藍色　直感　人脈　責任感

赤・ピンク　意志が強い　職人　調整　人の協力を得られる

〈あなたの知りたい情報〉

心相数　472	基本数　663	ポジション数　2	運気数　6

〈あなたの特別の運命の人〉　三千年の旅をして出逢った人

1	合計して999になる人	527
2	同じ数の人	472
3	並び換えの人	742
4	受胎数・運気数グループ 9名	145 224 393 472 551 639 718 887 966

〈相性判定の基本数グループ〉　親子の流れ、恋人夫婦間、様々な相性の良い関係のグループ

基本数が同じ 336　663	224 257 281 527 551 584 821 854 887 336 112 145 178 415 448 472 718 742 775 663

〈あなたの親子の関係は〉 第二グループ	ピンチヒッター役で、誰も親の面倒をみる人がいないと役割がまわってきます。

〈組織での動きや仕事傾向〉 第二グループ	二番手が向いている。一番手になろうとすると辛い。 番頭役や調整役に適している。

＜八犬伝グループ＞ 一生を支える支援関係、仕事などで出逢いやすい関係

933	134	235	336	437	538	639	731	832
944	145	246	347	448	549	641	742	843
955	156	257	358	459	551	652	753	854
966	167	268	369	461	562	663	764	865
977	178	279	371	**472**	573	674	775	876
988	189	281	382	483	584	685	786	887
999	191	292	393	494	595	696	797	898
112	213	314	415	516	617	718	819	911
123	224	325	426	527	628	729	821	922

〈あなたの周りにいる472の人〉

氏名：　　　　　　　　生年月日：　　　年　　月　　日

氏名：　　　　　　　　生年月日：　　　年　　月　　日

氏名：　　　　　　　　生年月日：　　　年　　月　　日

氏名：　　　　　　　　生年月日：　　　年　　月　　日

氏名：　　　　　　　　生年月日：　　　年　　月　　日

〈あなたの知りたい情報〉

心相数　483	基本数　639	ポジション数　3	運気数　7

〈あなたの特別の運命の人〉　三千年の旅をして出逢った人

1	合計して999になる人	516
2	同じ数の人	483
3	並び換えの人	843
4	受胎数・運気数グループ 9名	156 235 314 483 562 641 729 898 977

〈相性判定の基本数グループ〉　親子の流れ、恋人夫婦間、様々な相性の良い関係のグループ

基本数が同じ 369　639	213 246 279 516 549 573 819 843 876 369 123 156 189 426 459 483 729 753 786 639

〈あなたの親子の関係は〉 第三グループ	親を愛していないわけではないのですが、親元を離れていく傾向が強く、用事のあるときだけ帰ります。

〈組織での動きや仕事傾向〉 第三グループ	組織に拘らない、執着もうすい。納得のいく仕事がテーマ。人と同じにみられるのが嫌いで、開拓者精神旺盛。

＜八犬伝グループ＞ 一生を支える支援関係、仕事などで出逢いやすい関係

944	145	246	347	448	549	641	742	843
955	156	257	358	459	551	652	753	854
966	167	268	369	461	562	663	764	865
977	178	279	371	472	573	674	775	876
988	189	281	382	**483**	584	685	786	887
999	191	292	393	494	595	696	797	898
112	213	314	415	516	617	718	819	911
123	224	325	426	527	628	729	821	922
134	235	336	437	538	639	731	832	933

〈あなたの周りにいる483の人〉

氏名：　　　　生年月日：　　年　　月　　日

氏名：　　　　生年月日：　　年　　月　　日

氏名：　　　　生年月日：　　年　　月　　日

氏名：　　　　生年月日：　　年　　月　　日

氏名：　　　　生年月日：　　年　　月　　日

行動力　直感　人脈　人をまとめる　期待されると頑張る　開拓者　納得いく人生

黄　紫　オレンジ

494の人

黄 行動力

金・黄 直感 人脈 参謀役 分析力

黄 組織を護る象徴 調整 人の協力を得られる

〈あなたの知りたい情報〉

心相数　494	基本数　696	ポジション数　2	運気数　8

〈あなたの特別の運命の人〉 三千年の旅をして出逢った人

1	合計して999になる人	595
2	同じ数の人	494
3	並び換えの人	944
4	受胎数・運気数グループ 9名	167 246 325 494 573 652 731 819 988

〈相性判定の基本数グループ〉 親子の流れ、恋人夫婦間、様々な相性の良い関係のグループ

基本数が同じ 393　696	235 268 292 538 562 595 832 865 898 393 134 167 191 437 461 494 731 764 797 696

〈あなたの親子の関係は〉 第二グループ	ピンチヒッター役で、誰も親の面倒をみる人がいないと役割がまわってきます。

〈組織での動きや仕事傾向〉 第二グループ	二番手が向いている。一番手になろうとすると辛い。 番頭役や調整役に適している。

＜八犬伝グループ＞ 一生を支える支援関係、仕事などで出逢いやすい関係

955	156	257	358	459	551	652	753	854
966	167	268	369	461	562	663	764	865
977	178	279	371	472	573	674	775	876
988	189	281	382	483	584	685	786	887
999	191	292	393	**494**	595	696	797	898
112	213	314	415	516	617	718	819	911
123	224	325	426	527	628	729	821	922
134	235	336	437	538	639	731	832	933
145	246	347	448	549	641	742	843	944

〈あなたの周りにいる494の人〉

氏名：　　　　　　　　生年月日：　　　年　　　月　　　日

氏名：　　　　　　　　生年月日：　　　年　　　月　　　日

氏名：　　　　　　　　生年月日：　　　年　　　月　　　日

氏名：　　　　　　　　生年月日：　　　年　　　月　　　日

氏名：　　　　　　　　生年月日：　　　年　　　月　　　日

〈あなたの知りたい情報〉

心相数　516	基本数　369	ポジション数　3	運気数　2

〈あなたの特別の運命の人〉　三千年の旅をして出逢った人

1	合計して999になる人	483
2	同じ数の人	516
3	並び換えの人	156
4	受胎数・運気数グループ 9名	191 279 358 437 516 685 764 843 922

〈相性判定の基本数グループ〉　親子の流れ、恋人夫婦間、様々な相性の良い関係のグループ

基本数が同じ 639　369	123 156 189 426 459 483 729 753 786 639 213 246 279 516 549 573 819 843 876 369

〈あなたの親子の関係は〉 第三グループ	親を愛していないわけではないのですが、親元を離れて いく傾向が強く、用事のあるときだけ帰ります。
〈組織での動きや仕事傾向〉 第三グループ	組織に拘らない、執着もうすい。納得のいく仕事がテーマ。 人と同じにみられるのが嫌いで、開拓者精神旺盛。

＜八犬伝グループ＞　一生を支える支援関係、仕事などで出逢いやすい関係

966	167	268	369	461	562	663	764	865
977	178	279	371	472	573	674	775	876
988	189	281	382	483	584	685	786	887
999	191	292	393	494	595	696	797	898
112	213	314	415	**516**	617	718	819	911
123	224	325	426	527	628	729	821	922
134	235	336	437	538	639	731	832	933
145	246	347	448	549	641	742	843	944
156	257	358	459	551	652	753	854	955

〈あなたの周りにいる516の人〉

氏名：	生年月日：	年	月	日
氏名：	生年月日：	年	月	日
氏名：	生年月日：	年	月	日
氏名：	生年月日：	年	月	日
氏名：	生年月日：	年	月	日

516の人

緑　銀　青

気配り　人間関係の人　安定　目標　一途　感性　開拓者　納得いく人生

527の人

緑　気配り

赤・ピンク　人間関係の人　安定　感性

紺・藍色　行動力　マイペース　調整　人の協力を得られる

〈あなたの知りたい情報〉

心相数　527	基本数　336	ポジション数　2	運気数　3

〈あなたの特別の運命の人〉　三千年の旅をして出逢った人

1	合計して999になる人	472
2	同じ数の人	527
3	並び換えの人	257
4	受胎数・運気数グループ 9名	112 281 369 448 527 696 775 854 933

〈相性判定の基本数グループ〉　親子の流れ、恋人夫婦間、様々な相性の良い関係のグループ

基本数が同じ 663　336	112 145 178 415 448 472 718 742 775 663 224 257 281 527 551 584 821 854 887 336

〈あなたの親子の関係は〉 第二グループ	ピンチヒッター役で、誰も親の面倒をみる人がいないと役割がまわってきます。
〈組織での動きや仕事傾向〉 第二グループ	二番手が向いている。一番手になろうとすると辛い。 番頭役や調整役に適している。

<八犬伝グループ> 一生を支える支援関係、仕事などで出逢いやすい関係

977	178	279	371	472	573	674	775	876
988	189	281	382	483	584	685	786	887
999	191	292	393	494	595	696	797	898
112	213	314	415	516	617	718	819	911
123	224	325	426	**527**	628	729	821	922
134	235	336	437	538	639	731	832	933
145	246	347	448	549	641	742	843	944
156	257	358	459	551	652	753	854	955
167	268	369	461	562	663	764	865	966

〈あなたの周りにいる527の人〉

氏名：　　　　　　生年月日：　　年　　月　　日

氏名：　　　　　　生年月日：　　年　　月　　日

氏名：　　　　　　生年月日：　　年　　月　　日

氏名：　　　　　　生年月日：　　年　　月　　日

氏名：　　　　　　生年月日：　　年　　月　　日

538の人

緑　気配り
オレンジ　人間関係の人　安定　行動力
紫　感性　楽天的　開拓者　納得いく人生

〈あなたの知りたい情報〉

心相数　538	基本数　393	ポジション数　3	運気数　4

〈あなたの特別の運命の人〉　三千年の旅をして出逢った人

1	合計して999になる人	461
2	同じ数の人	538
3	並び換えの人	358
4	受胎数・運気数グループ 9名	123 292 371 459 538 617 786 865 944

〈相性判定の基本数グループ〉　親子の流れ、恋人夫婦間、様々な相性の良い関係のグループ

基本数が同じ 696　393	134 167 191 437 461 494 731 764 797 696 235 268 292 538 562 595 832 865 898 393

〈あなたの親子の関係は〉 第三グループ	親を愛していないわけではないのですが、親元を離れていく傾向が強く、用事のあるときだけ帰ります。

〈組織での動きや仕事傾向〉 第三グループ	組織に拘らない、執着もうすい。納得のいく仕事がテーマ。人と同じにみられるのが嫌いで、開拓者精神旺盛。

＜八犬伝グループ＞一生を支える支援関係、仕事などで出逢いやすい関係

988	189	281	382	483	584	685	786	887
999	191	292	393	494	595	696	797	898
112	213	314	415	516	617	718	819	911
123	224	325	426	527	628	729	821	922
134	235	336	437	**538**	639	731	832	933
145	246	347	448	549	641	742	843	944
156	257	358	459	551	652	753	854	955
167	268	369	461	562	663	764	865	966
178	279	371	472	573	674	775	876	977

〈あなたの周りにいる538の人〉

氏名：　　　　生年月日：　　年　　月　　日

氏名：　　　　生年月日：　　年　　月　　日

氏名：　　　　生年月日：　　年　　月　　日

氏名：　　　　生年月日：　　年　　月　　日

氏名：　　　　生年月日：　　年　　月　　日

549の人

緑 気配り

黄 人間関係の人

金・黄 安定 行動力 直感 人脈 調整 人の協力を得られる

〈あなたの知りたい情報〉

心相数　549	基本数　369	ポジション数　2	運気数　5

〈あなたの特別の運命の人〉 三千年の旅をして出逢った人

1	合計して999になる人	459
2	同じ数の人	549
3	並び換えの人	459
4	受胎数・運気数グループ 9名	134 213 382 461 549 628 797 876 955

〈相性判定の基本数グループ〉 親子の流れ、恋人夫婦間、様々な相性の良い関係のグループ

基本数が同じ 639　369	123 156 189 426 459 483 729 753 786 639 213 246 279 516 549 573 819 843 876 369

〈あなたの親子の関係は〉 第二グループ	ピンチヒッター役で、誰も親の面倒をみる人がいないと役割がまわってきます。
〈組織での動きや仕事傾向〉 第二グループ	二番手が向いている。一番手になろうとすると辛い。 番頭役や調整役に適している。

＜八犬伝グループ＞ 一生を支える支援関係、仕事などで出逢いやすい関係

999	191	292	393	494	595	696	797	898
112	213	314	415	516	617	718	819	911
123	224	325	426	527	628	729	821	922
134	235	336	437	538	639	731	832	933
145	246	347	448	**549**	641	742	843	944
156	257	358	459	551	652	753	854	955
167	268	369	461	562	663	764	865	966
178	279	371	472	573	674	775	876	977
189	281	382	483	584	685	786	887	988

〈あなたの周りにいる549の人〉

氏名：　　　　生年月日：　　年　　月　　日

氏名：　　　　生年月日：　　年　　月　　日

氏名：　　　　生年月日：　　年　　月　　日

氏名：　　　　生年月日：　　年　　月　　日

氏名：　　　　生年月日：　　年　　月　　日

〈あなたの知りたい情報〉

心相数　551	基本数　336	ポジション数　2	運気数　6

〈あなたの特別の運命の人〉 三千年の旅をして出逢った人

1	合計して999になる人	448
2	同じ数の人	551
3	並び換えの人	551
4	受胎数・運気数グループ 9名	145 224 393 472 551 639 718 887 966

〈相性判定の基本数グループ〉 親子の流れ、恋人夫婦間、様々な相性の良い関係のグループ

基本数が同じ 663　336	112 145 178 415 448 472 718 742 775 663 224 257 281 527 551 584 821 854 887 336

〈あなたの親子の関係は〉 第二グループ	ピンチヒッター役で、誰も親の面倒をみる人がいないと役割がまわってきます。

〈組織での動きや仕事傾向〉 第二グループ	二番手が向いている。一番手になろうとすると辛い。 番頭役や調整役に適している。

＜八犬伝グループ＞ 一生を支える支援関係、仕事などで出逢いやすい関係

112	213	314	415	516	617	718	819	911
123	224	325	426	527	628	729	821	922
134	235	336	437	538	639	731	832	933
145	246	347	448	549	641	742	843	944
156	257	358	459	**551**	652	753	854	955
167	268	369	461	562	663	764	865	966
178	279	371	472	573	674	775	876	977
189	281	382	483	584	685	786	887	988
191	292	393	494	595	696	797	898	999

〈あなたの周りにいる551の人〉

氏名：　　　　生年月日：　　年　　月　　日

氏名：　　　　生年月日：　　年　　月　　日

氏名：　　　　生年月日：　　年　　月　　日

氏名：　　　　生年月日：　　年　　月　　日

氏名：　　　　生年月日：　　年　　月　　日

緑　青　赤・ピンク

気配り　人間関係の人　安定　人間関係　人が好き　器用　拡大志向　人の上に立ちたがる　組織の中で力を発揮

〈あなたの知りたい情報〉

心相数　562	基本数　393	ポジション数　1	運気数　7

〈あなたの特別の運命の人〉　三千年の旅をして出逢った人

1	合計して999になる人	437
2	同じ数の人	562
3	並び換えの人	652
4	受胎数・運気数グループ 9名	156 235 314 483 562 641 729 898 977

〈相性判定の基本数グループ〉　親子の流れ、恋人夫婦間、様々な相性の良い関係のグループ

基本数が同じ 696　393	134 167 191 437 461 494 731 764 797 696 235 268 292 538 562 595 832 865 898 393

〈あなたの親子の関係は〉 第一グループ	親を継ぐ数字。親との関係が深く親の面倒をみる役割。 親にみられる場合もあり、長男長女で生まれやすい。
〈組織での動きや仕事傾向〉 第一グループ	組織を大きくする能力、拡大志向。 マネジメント能力がある。組織の中で力を発揮する。

＜八犬伝グループ＞ 一生を支える支援関係、仕事などで出逢いやすい関係

123	224	325	426	527	628	729	821	922
134	235	336	437	538	639	731	832	933
145	246	347	448	549	641	742	843	944
156	257	358	459	551	652	753	854	955
167	268	369	461	**562**	663	764	865	966
178	279	371	472	573	674	775	876	977
189	281	382	483	584	685	786	887	988
191	292	393	494	595	696	797	898	999
213	314	415	516	617	718	819	911	112

〈あなたの周りにいる562の人〉

氏名：　　　　生年月日：　　　年　　　月　　　日

氏名：　　　　生年月日：　　　年　　　月　　　日

氏名：　　　　生年月日：　　　年　　　月　　　日

氏名：　　　　生年月日：　　　年　　　月　　　日

氏名：　　　　生年月日：　　　年　　　月　　　日

573の人

緑 / 紺・藍色 / オレンジ

気配り　人間関係の人　安定　責任感　意志が強い　職人　拡大志向　人の上に立ちたがる　組織の中で力を発揮

〈あなたの知りたい情報〉

心相数　573	基本数　369	ポジション数　1	運気数　8

〈あなたの特別の運命の人〉　三千年の旅をして出逢った人

1	合計して999になる人	426
2	同じ数の人	573
3	並び換えの人	753
4	受胎数・運気数グループ 9名	167 246 325 494 573 652 731 819 988

〈相性判定の基本数グループ〉　親子の流れ、恋人夫婦間、様々な相性の良い関係のグループ

基本数が同じ 639　369	123 156 189 426 459 483 729 753 786 639 213 246 279 516 549 573 819 843 876 369

〈あなたの親子の関係は〉 第一グループ	親を継ぐ数字。親との関係が深く親の面倒をみる役割。 親にみられる場合もあり、長男長女で生まれやすい。

〈組織での動きや仕事傾向〉 第一グループ	組織を大きくする能力、拡大志向。 マネジメント能力がある。組織の中で力を発揮する。

＜八犬伝グループ＞ 一生を支える支援関係、仕事などで出逢いやすい関係

134	235	336	437	538	639	731	832	933
145	246	347	448	549	641	742	843	944
156	257	358	459	551	652	753	854	955
167	268	369	461	562	663	764	865	966
178	279	371	472	**573**	674	775	876	977
189	281	382	483	584	685	786	887	988
191	292	393	494	595	696	797	898	999
213	314	415	516	617	718	819	911	112
224	325	426	527	628	729	821	922	123

〈あなたの周りにいる573の人〉

氏名：　　　　生年月日：　　年　　月　　日

氏名：　　　　生年月日：　　年　　月　　日

氏名：　　　　生年月日：　　年　　月　　日

氏名：　　　　生年月日：　　年　　月　　日

氏名：　　　　生年月日：　　年　　月　　日

緑 紫 黄

気配り　人間関係の人　安定　人をまとめる　期待されると頑張る　調整　人の協力を得られる

〈あなたの知りたい情報〉

心相数　584	基本数　336	ポジション数　2	運気数　9

〈あなたの特別の運命の人〉 三千年の旅をして出逢った人

1	合計して999になる人	415
2	同じ数の人	584
3	並び換えの人	854
4	受胎数・運気数グループ 9名	178 257 336 415 584 663 742 821 999

〈相性判定の基本数グループ〉 親子の流れ、恋人夫婦間、様々な相性の良い関係のグループ

基本数が同じ 663　336	112 145 178 415 448 472 718 742 775 663 224 257 281 527 551 584 821 854 887 336

〈あなたの親子の関係は〉 第二グループ	ピンチヒッター役で、誰も親の面倒をみる人がいないと役割がまわってきます。

〈組織での動きや仕事傾向〉 第二グループ	二番手が向いている。一番手になろうとすると辛い。 番頭役や調整役に適している。

＜八犬伝グループ＞ 一生を支える支援関係、仕事などで出逢いやすい関係

145	246	347	448	549	641	742	843	944
156	257	358	459	551	652	753	854	955
167	268	369	461	562	663	764	865	966
178	279	371	472	573	674	775	876	977
189	281	382	483	**584**	685	786	887	988
191	292	393	494	595	696	797	898	999
213	314	415	516	617	718	819	911	112
224	325	426	527	628	729	821	922	123
235	336	437	538	639	731	832	933	134

〈あなたの周りにいる584の人〉

氏名：　　　　　　　　　　　　生年月日：　　　年　　　月　　　日

氏名：　　　　　　　　　　　　生年月日：　　　年　　　月　　　日

氏名：　　　　　　　　　　　　生年月日：　　　年　　　月　　　日

氏名：　　　　　　　　　　　　生年月日：　　　年　　　月　　　日

氏名：　　　　　　　　　　　　生年月日：　　　年　　　月　　　日

〈あなたの知りたい情報〉

心相数　595	基本数　393	ポジション数　2	運気数　1

〈あなたの特別の運命の人〉 三千年の旅をして出逢った人

1	合計して999になる人	494
2	同じ数の人	595
3	並び換えの人	955
4	受胎数・運気数グループ 9名	189 268 347 426 595 674 753 832 911

〈相性判定の基本数グループ〉 親子の流れ、恋人夫婦間、様々な相性の良い関係のグループ

基本数が同じ 696　393	134 167 191 437 461 494 731 764 797 696 235 268 292 538 562 595 832 865 898 393

〈あなたの親子の関係は〉 第二グループ	ピンチヒッター役で、誰も親の面倒をみる人がいないと役割がまわってきます。
〈組織での動きや仕事傾向〉 第二グループ	二番手が向いている。一番手になろうとすると辛い。 番頭役や調整役に適している。

<八犬伝グループ> 一生を支える支援関係、仕事などで出逢いやすい関係

156	257	358	459	551	652	753	854	955
167	268	369	461	562	663	764	865	966
178	279	371	472	573	674	775	876	977
189	281	382	483	584	685	786	887	988
191	292	393	494	595	696	797	898	999
213	314	415	516	617	718	819	911	112
224	325	426	527	628	729	821	922	123
235	336	437	538	639	731	832	933	134
246	347	448	549	641	742	843	944	145

〈あなたの周りにいる595の人〉

氏名：　生年月日：　年　月　日

氏名：　生年月日：　年　月　日

氏名：　生年月日：　年　月　日

氏名：　生年月日：　年　月　日

氏名：　生年月日：　年　月　日

緑　気配り　人間関係の人

金・黄　安定　参謀役　分析力　組織を護る象徴

緑　調整　人の協力を得られる

617の人

青　銀　紺・藍色

人間関係　人が好き　器用　目標　一途　感性　調整　人の協力を得られる

〈あなたの知りたい情報〉

心相数　617	基本数　966	ポジション数　2	運気数　4

〈あなたの特別の運命の人〉　三千年の旅をして出逢った人

1	合計して999になる人	382
2	同じ数の人	617
3	並び換えの人	167
4	受胎数・運気数グループ 9名	123 292 371 459 538 617 786 865 944

〈相性判定の基本数グループ〉　親子の流れ、恋人夫婦間、様々な相性の良い関係のグループ

基本数が同じ 933　966	325 358 382 628 652 685 922 955 988 933 314 347 371 617 641 674 911 944 977 966

〈あなたの親子の関係は〉 第二グループ	ピンチヒッター役で、誰も親の面倒をみる人がいないと役割がまわってきます。

〈組織での動きや仕事傾向〉 第二グループ	二番手が向いている。一番手になろうとすると辛い。番頭役や調整役に適している。

＜八犬伝グループ＞ 一生を支える支援関係、仕事などで出逢いやすい関係

167	268	369	461	562	663	764	865	966
178	279	371	472	573	674	775	876	977
189	281	382	483	584	685	786	887	988
191	292	393	494	595	696	797	898	999
213	314	415	516	**617**	718	819	911	112
224	325	426	527	628	729	821	922	123
235	336	437	538	639	731	832	933	134
246	347	448	549	641	742	843	944	145
257	358	459	551	652	753	854	955	156

〈あなたの周りにいる617の人〉

氏名：　　　　　　　　　　生年月日：　　　年　　　月　　　日

氏名：　　　　　　　　　　生年月日：　　　年　　　月　　　日

氏名：　　　　　　　　　　生年月日：　　　年　　　月　　　日

氏名：　　　　　　　　　　生年月日：　　　年　　　月　　　日

氏名：　　　　　　　　　　生年月日：　　　年　　　月　　　日

628の人

青　赤・ピンク　紫

人間関係　人が好き　器用　感性　行動力　マイペース　調整　人の協力を得られる

〈あなたの知りたい情報〉

心相数　628	基本数　933	ポジション数　2	運気数　5

〈あなたの特別の運命の人〉　三千年の旅をして出逢った人

1	合計して999になる人	371
2	同じ数の人	628
3	並び換えの人	268
4	受胎数・運気数グループ 9名	134 213 382 461 549 628 797 876 955

〈相性判定の基本数グループ〉　親子の流れ、恋人夫婦間、様々な相性の良い関係のグループ

基本数が同じ 966　933	314 347 371 617 641 674 911 944 977 966 325 358 382 628 652 685 922 955 988 933

〈あなたの親子の関係は〉 第二グループ	ピンチヒッター役で、誰も親の面倒をみる人がいないと役割がまわってきます。

〈組織での動きや仕事傾向〉 第二グループ	二番手が向いている。一番手になろうとすると辛い。 番頭役や調整役に適している。

＜八犬伝グループ＞ 一生を支える支援関係、仕事などで出逢いやすい関係

178	279	371	472	573	674	775	876	977
189	281	382	483	584	685	786	887	988
191	292	393	494	595	696	797	898	999
213	314	415	516	617	718	819	911	112
224	325	426	527	**628**	729	821	922	123
235	336	437	538	639	731	832	933	134
246	347	448	549	641	742	843	944	145
257	358	459	551	652	753	854	955	156
268	369	461	562	663	764	865	966	167

〈あなたの周りにいる628の人〉

氏名：　　生年月日：　　年　　月　　日

氏名：　　生年月日：　　年　　月　　日

氏名：　　生年月日：　　年　　月　　日

氏名：　　生年月日：　　年　　月　　日

氏名：　　生年月日：　　年　　月　　日

639の人

青　オレンジ　金・黄

人間関係　人が好き　器用　行動力　感性　楽天的　拡大志向　人の上に立ちたがる　組織の中で力を発揮

〈あなたの知りたい情報〉

心相数　639	基本数　639	ポジション数　1	運気数　6

〈あなたの特別の運命の人〉　三千年の旅をして出逢った人

1	合計して999になる人	369
2	同じ数の人	639
3	並び換えの人	369
4	受胎数・運気数グループ 9名	145 224 393 472 551 639 718 887 966

〈相性判定の基本数グループ〉　親子の流れ、恋人夫婦間、様々な相性の良い関係のグループ

基本数が同じ 369　639	213 246 279 516 549 573 819 843 876 369 123 156 189 426 459 483 729 753 786 639

〈あなたの親子の関係は〉 第一グループ	親を継ぐ数字。親との関係が深く親の面倒をみる役割。 親にみられる場合もあり、長男長女で生まれやすい。

〈組織での動きや仕事傾向〉 第一グループ	組織を大きくする能力、拡大志向。 マネジメント能力がある。組織の中で力を発揮する。

＜八犬伝グループ＞ 一生を支える支援関係、仕事などで出逢いやすい関係

189	281	382	483	584	685	786	887	988
191	292	393	494	595	696	797	898	999
213	314	415	516	617	718	819	911	112
224	325	426	527	628	729	821	922	123
235	336	437	538	**639**	731	832	933	134
246	347	448	549	641	742	843	944	145
257	358	459	551	652	753	854	955	156
268	369	461	562	663	764	865	966	167
279	371	472	573	674	775	876	977	178

〈あなたの周りにいる639の人〉

氏名：　　　　　　　　生年月日：　　　年　　　月　　　日

氏名：　　　　　　　　生年月日：　　　年　　　月　　　日

氏名：　　　　　　　　生年月日：　　　年　　　月　　　日

氏名：　　　　　　　　生年月日：　　　年　　　月　　　日

氏名：　　　　　　　　生年月日：　　　年　　　月　　　日

〈あなたの知りたい情報〉

心相数 641	基本数 966	ポジション数 1	運気数 7

〈あなたの特別の運命の人〉 三千年の旅をして出逢った人

1	合計して999になる人	358
2	同じ数の人	641
3	並び換えの人	461
4	受胎数・運気数グループ 9名	156 235 314 483 562 641 729 898 977

〈相性判定の基本数グループ〉 親子の流れ、恋人夫婦間、様々な相性の良い関係のグループ

基本数が同じ 933 966	325 358 382 628 652 685 922 955 988 933 314 347 371 617 641 674 911 944 977 966

〈あなたの親子の関係は〉 第一グループ	親を継ぐ数字。親との関係が深く親の面倒をみる役割。 親にみられる場合もあり、長男長女で生まれやすい。

〈組織での動きや仕事傾向〉 第一グループ	組織を大きくする能力、拡大志向。 マネジメント能力がある。組織の中で力を発揮する。

＜八犬伝グループ＞ 一生を支える支援関係、仕事などで出逢いやすい関係

191	292	393	494	595	696	797	898	999
213	314	415	516	617	718	819	911	112
224	325	426	527	628	729	821	922	123
235	336	437	538	639	731	832	933	134
246	347	448	549	**641**	742	843	944	145
257	358	459	551	652	753	854	955	156
268	369	461	562	663	764	865	966	167
279	371	472	573	674	775	876	977	178
281	382	483	584	685	786	887	988	189

〈あなたの周りにいる641の人〉

氏名： 生年月日： 年 月 日

氏名： 生年月日： 年 月 日

氏名： 生年月日： 年 月 日

氏名： 生年月日： 年 月 日

氏名： 生年月日： 年 月 日

652の人

青 緑 赤・ピンク

人間関係　人が好き　器用　気配り　人間関係の人　安定　開拓者　納得いく人生

〈あなたの知りたい情報〉

| 心相数　652 | 基本数　933 | ポジション数　3 | 運気数　8 |

〈あなたの特別の運命の人〉　三千年の旅をして出逢った人

1	合計して999になる人	347
2	同じ数の人	652
3	並び換えの人	562
4	受胎数・運気数グループ 9名	167 246 325 494 573 652 731 819 988

〈相性判定の基本数グループ〉　親子の流れ、恋人夫婦間、様々な相性の良い関係のグループ

| 基本数が同じ
966　933 | 314 347 371 617 641 674 911 944 977 966
325 358 382 628 652 685 922 955 988 933 |

〈あなたの親子の関係は〉 第三グループ	親を愛していないわけではないのですが、親元を離れて いく傾向が強く、用事のあるときだけ帰ります。
〈組織での動きや仕事傾向〉 第三グループ	組織に拘らない、執着もうすい。納得のいく仕事がテーマ。 人と同じにみられるのが嫌いで、開拓者精神旺盛。

＜八犬伝グループ＞　一生を支える支援関係、仕事などで出逢いやすい関係

213	314	415	516	617	718	819	911	112
224	325	426	527	628	729	821	922	123
235	336	437	538	639	731	832	933	134
246	347	448	549	641	742	843	944	145
257	358	459	551	652	753	854	955	156
268	369	461	562	663	764	865	966	167
279	371	472	573	674	775	876	977	178
281	382	483	584	685	786	887	988	189
292	393	494	595	696	797	898	999	191

〈あなたの周りにいる652の人〉

氏名：	生年月日：	年	月	日
氏名：	生年月日：	年	月	日
氏名：	生年月日：	年	月	日
氏名：	生年月日：	年	月	日
氏名：	生年月日：	年	月	日

〈あなたの知りたい情報〉

心相数　663	基本数　663	ポジション数　3	運気数　9

〈あなたの特別の運命の人〉 三千年の旅をして出逢った人

1	合計して999になる人	336
2	同じ数の人	663
3	並び換えの人	663
4	受胎数・運気数グループ 9名	178 257 336 415 584 663 742 821 999

〈相性判定の基本数グループ〉 親子の流れ、恋人夫婦間、様々な相性の良い関係のグループ

基本数が同じ 336　663	224 257 281 527 551 584 821 854 887 336 112 145 178 415 448 472 718 742 775 663

〈あなたの親子の関係は〉 第三グループ	親を愛していないわけではないのですが、親元を離れていく傾向が強く、用事のあるときだけ帰ります。

〈組織での動きや仕事傾向〉 第三グループ	組織に拘らない、執着もうすい。納得のいく仕事がテーマ。人と同じにみられるのが嫌いで、開拓者精神旺盛。

＜八犬伝グループ＞ 一生を支える支援関係、仕事などで出逢いやすい関係

224	325	426	527	628	729	821	922	123
235	336	437	538	639	731	832	933	134
246	347	448	549	641	742	843	944	145
257	358	459	551	652	753	854	955	156
268	369	461	562	**663**	764	865	966	167
279	371	472	573	674	775	876	977	178
281	382	483	584	685	786	887	988	189
292	393	494	595	696	797	898	999	191
314	415	516	617	718	819	911	112	213

〈あなたの周りにいる663の人〉

氏名：　　　　生年月日：　　　年　　　月　　　日

氏名：　　　　生年月日：　　　年　　　月　　　日

氏名：　　　　生年月日：　　　年　　　月　　　日

氏名：　　　　生年月日：　　　年　　　月　　　日

氏名：　　　　生年月日：　　　年　　　月　　　日

674の人

青　紺・藍色　黄

人間関係　人が好き　器用　責任感　意志が強い　職人　開拓者　納得いく人生

〈あなたの知りたい情報〉

心相数　674	基本数　966	ポジション数　3	運気数　1

〈あなたの特別の運命の人〉　三千年の旅をして出逢った人

1	合計して999になる人	325
2	同じ数の人	674
3	並び換えの人	764
4	受胎数・運気数グループ 9名	189 268 347 426 595 674 753 832 911

〈相性判定の基本数グループ〉　親子の流れ、恋人夫婦間、様々な相性の良い関係のグループ

基本数が同じ 933　966	325 358 382 628 652 685 922 955 988 933 314 347 371 617 641 674 911 944 977 966

〈あなたの親子の関係は〉 第三グループ	親を愛していないわけではないのですが、親元を離れていく傾向が強く、用事のあるときだけ帰ります。
〈組織での動きや仕事傾向〉 第三グループ	組織に拘らない、執着もうすい。納得のいく仕事がテーマ。人と同じにみられるのが嫌いで、開拓者精神旺盛。

<八犬伝グループ> 一生を支える支援関係、仕事などで出逢いやすい関係

235	336	437	538	639	731	832	933	134
246	347	448	549	641	742	843	944	145
257	358	459	551	652	753	854	955	156
268	369	461	562	663	764	865	966	167
279	371	472	573	**674**	775	876	977	178
281	382	483	584	685	786	887	988	189
292	393	494	595	696	797	898	999	191
314	415	516	617	718	819	911	112	213
325	426	527	628	729	821	922	123	224

〈あなたの周りにいる674の人〉

氏名：　　　　生年月日：　　年　　月　　日

氏名：　　　　生年月日：　　年　　月　　日

氏名：　　　　生年月日：　　年　　月　　日

氏名：　　　　生年月日：　　年　　月　　日

氏名：　　　　生年月日：　　年　　月　　日

685の人

青　紫　緑

人間関係　人が好き　器用　人をまとめる　期待されると頑張る　拡大志向　人の上に立ちたがる　組織の中で力を発揮

〈あなたの知りたい情報〉

心相数　685	基本数　933	ポジション数　1	運気数　2

〈あなたの特別の運命の人〉　三千年の旅をして出逢った人

1	合計して999になる人	314
2	同じ数の人	685
3	並び換えの人	865
4	受胎数・運気数グループ 9名	191 279 358 437 516 685 764 843 922

〈相性判定の基本数グループ〉　親子の流れ、恋人夫婦間、様々な相性の良い関係のグループ

基本数が同じ 966　933	314 347 371 617 641 674 911 944 977 966 325 358 382 628 652 685 922 955 988 933

〈あなたの親子の関係は〉 第一グループ	親を継ぐ数字。親との関係が深く親の面倒をみる役割。 親にみられる場合もあり、長男長女で生まれやすい。

〈組織での動きや仕事傾向〉 第一グループ	組織を大きくする能力、拡大志向。 マネジメント能力がある。組織の中で力を発揮する。

＜八犬伝グループ＞ 一生を支える支援関係、仕事などで出逢いやすい関係

246	347	448	549	641	742	843	944	145
257	358	459	551	652	753	854	955	156
268	369	461	562	663	764	865	966	167
279	371	472	573	674	775	876	977	178
281	382	483	584	**685**	786	887	988	189
292	393	494	595	696	797	898	999	191
314	415	516	617	718	819	911	112	213
325	426	527	628	729	821	922	123	224
336	437	538	639	731	832	933	134	235

〈あなたの周りにいる685の人〉

氏名：　　　　生年月日：　　年　　月　　日

氏名：　　　　生年月日：　　年　　月　　日

氏名：　　　　生年月日：　　年　　月　　日

氏名：　　　　生年月日：　　年　　月　　日

氏名：　　　　生年月日：　　年　　月　　日

696の人

青

金・黄

青

人間関係　人が好き　器用　参謀役　分析力　組織を護る象徴　調整　人の協力を得られる

〈あなたの知りたい情報〉

心相数　696	基本数　696	ポジション数　2	運気数　3

〈あなたの特別の運命の人〉　三千年の旅をして出逢った人

1	合計して999になる人	393
2	同じ数の人	696
3	並び換えの人	966
4	受胎数・運気数グループ 9名	112 281 369 448 527 696 775 854 933

〈相性判定の基本数グループ〉　親子の流れ、恋人夫婦間、様々な相性の良い関係のグループ

基本数が同じ 393　696	235 268 292 538 562 595 832 865 898 393 134 167 191 437 461 494 731 764 797 696

〈あなたの親子の関係は〉 第二グループ	ピンチヒッター役で、誰も親の面倒をみる人がいないと役割がまわってきます。

〈組織での動きや仕事傾向〉 第二グループ	二番手が向いている。一番手になろうとすると辛い。 番頭役や調整役に適している。

＜八犬伝グループ＞　一生を支える支援関係、仕事などで出逢いやすい関係

257	358	459	551	652	753	854	955	156
268	369	461	562	663	764	865	966	167
279	371	472	573	674	775	876	977	178
281	382	483	584	685	786	887	988	189
292	393	494	595	**696**	797	898	999	191
314	415	516	617	718	819	911	112	213
325	426	527	628	729	821	922	123	224
336	437	538	639	731	832	933	134	235
347	448	549	641	742	843	944	145	246

〈あなたの周りにいる696の人〉

氏名：　　　　　　生年月日：　　　年　　月　　日

氏名：　　　　　　生年月日：　　　年　　月　　日

氏名：　　　　　　生年月日：　　　年　　月　　日

氏名：　　　　　　生年月日：　　　年　　月　　日

氏名：　　　　　　生年月日：　　　年　　月　　日

〈あなたの知りたい情報〉

心相数　718	基本数　663	ポジション数　1	運気数　6

〈あなたの特別の運命の人〉　三千年の旅をして出逢った人

1	合計して999になる人	281
2	同じ数の人	718
3	並び換えの人	178
4	受胎数・運気数グループ 9名	145 224 393 472 551 639 718 887 966

〈相性判定の基本数グループ〉　親子の流れ、恋人夫婦間、様々な相性の良い関係のグループ

基本数が同じ 336　663	224 257 281 527 551 584 821 854 887 336 112 145 178 415 448 472 718 742 775 663

〈あなたの親子の関係は〉 第一グループ	親を継ぐ数字。親との関係が深く親の面倒をみる役割。 親にみられる場合もあり、長男長女で生まれやすい。

〈組織での動きや仕事傾向〉 第一グループ	組織を大きくする能力、拡大志向。 マネジメント能力がある。組織の中で力を発揮する。

＜八犬伝グループ＞一生を支える支援関係、仕事などで出逢いやすい関係

268	369	461	562	663	764	865	966	167
279	371	472	573	674	775	876	977	178
281	382	483	584	685	786	887	988	189
292	393	494	595	696	797	898	999	191
314	415	516	617	**718**	819	911	112	213
325	426	527	628	729	821	922	123	224
336	437	538	639	731	832	933	134	235
347	448	549	641	742	843	944	145	246
358	459	551	652	753	854	955	156	257

〈あなたの周りにいる718の人〉

氏名：　　　　生年月日：　　　年　　　月　　　日

氏名：　　　　生年月日：　　　年　　　月　　　日

氏名：　　　　生年月日：　　　年　　　月　　　日

氏名：　　　　生年月日：　　　年　　　月　　　日

氏名：　　　　生年月日：　　　年　　　月　　　日

718の人

紺・藍色　銀　紫

責任感　意志が強い　職人　目標　一途　感性　拡大志向　人の上に立ちたがる　組織の中で力を発揮

729の人

紺・藍色　赤・ピンク　金・黄

責任感　意志が強い　職人　感性　行動力　マイペース　拡大志向　人の上に立ちたがる　組織の中で力を発揮

〈あなたの知りたい情報〉

心相数　729	基本数　639	ポジション数　1	運気数　7

〈あなたの特別の運命の人〉　三千年の旅をして出逢った人

1	合計して999になる人	279
2	同じ数の人	729
3	並び換えの人	279
4	受胎数・運気数グループ 9名	156 235 314 483 562 641 729 898 977

〈相性判定の基本数グループ〉　親子の流れ、恋人夫婦間、様々な相性の良い関係のグループ

基本数が同じ 369　639	213 246 279 516 549 573 819 843 876 369 123 156 189 426 459 483 729 753 786 639

〈あなたの親子の関係は〉 第一グループ	親を継ぐ数字。親との関係が深く親の面倒をみる役割。 親にみられる場合もあり、長男長女で生まれやすい。
〈組織での動きや仕事傾向〉 第一グループ	組織を大きくする能力、拡大志向。 マネジメント能力がある。組織の中で力を発揮する。

<八犬伝グループ> 一生を支える支援関係、仕事などで出逢いやすい関係

279	371	472	573	674	775	876	977	178
281	382	483	584	685	786	887	988	189
292	393	494	595	696	797	898	999	191
314	415	516	617	718	819	911	112	213
325	426	527	628	**729**	821	922	123	224
336	437	538	639	731	832	933	134	235
347	448	549	641	742	843	944	145	246
358	459	551	652	753	854	955	156	257
369	461	562	663	764	865	966	167	268

〈あなたの周りにいる729の人〉

氏名：　　　　生年月日：　　年　　月　　日

氏名：　　　　生年月日：　　年　　月　　日

氏名：　　　　生年月日：　　年　　月　　日

氏名：　　　　生年月日：　　年　　月　　日

氏名：　　　　生年月日：　　年　　月　　日

責任感　意志が強い　職人　行動力　感性　楽天的　開拓者　納得いく人生

紺・藍色　オレンジ　銀

〈あなたの知りたい情報〉

心相数　731	基本数　696	ポジション数　3	運気数　8

〈あなたの特別の運命の人〉　三千年の旅をして出逢った人

1	合計して999になる人	268
2	同じ数の人	731
3	並び換えの人	371
4	受胎数・運気数グループ 9名	167 246 325 494 573 652 731 819 988

〈相性判定の基本数グループ〉　親子の流れ、恋人夫婦間、様々な相性の良い関係のグループ

基本数が同じ 393　696	235 268 292 538 562 595 832 865 898 393 134 167 191 437 461 494 731 764 797 696

〈あなたの親子の関係は〉 第三グループ	親を愛していないわけではないのですが、親元を離れていく傾向が強く、用事のあるときだけ帰ります。
〈組織での動きや仕事傾向〉 第三グループ	組織に拘らない、執着もうすい。納得のいく仕事がテーマ。人と同じにみられるのが嫌いで、開拓者精神旺盛。

＜八犬伝グループ＞　一生を支える支援関係、仕事などで出逢いやすい関係

281	382	483	584	685	786	887	988	189
292	393	494	595	696	797	898	999	191
314	415	516	617	718	819	911	112	213
325	426	527	628	729	821	922	123	224
336	437	538	639	**731**	832	933	134	235
347	448	549	641	742	843	944	145	246
358	459	551	652	753	854	955	156	257
369	461	562	663	764	865	966	167	268
371	472	573	674	775	876	977	178	279

〈あなたの周りにいる731の人〉

氏名：　　　　　　　　　　生年月日：　　　年　　　月　　　日

氏名：　　　　　　　　　　生年月日：　　　年　　　月　　　日

氏名：　　　　　　　　　　生年月日：　　　年　　　月　　　日

氏名：　　　　　　　　　　生年月日：　　　年　　　月　　　日

氏名：　　　　　　　　　　生年月日：　　　年　　　月　　　日

742の人

紺・藍色　黄　赤・ピンク

責任感　意志が強い　職人　行動力　直感　人脈　拡大志向　人の上に立ちたがる　組織の中で力を発揮

〈あなたの知りたい情報〉

心相数　742	基本数　663	ポジション数　1	運気数　9

〈あなたの特別の運命の人〉　三千年の旅をして出逢った人

1	合計して999になる人	257
2	同じ数の人	742
3	並び換えの人	472
4	受胎数・運気数グループ 9名	178 257 336 415 584 663 742 821 999

〈相性判定の基本数グループ〉　親子の流れ、恋人夫婦間、様々な相性の良い関係のグループ

基本数が同じ 336　663	224 257 281 527 551 584 821 854 887 336 112 145 178 415 448 472 718 742 775 663

〈あなたの親子の関係は〉 第一グループ	親を継ぐ数字。親との関係が深く親の面倒をみる役割。親にみられる場合もあり、長男長女で生まれやすい。

〈組織での動きや仕事傾向〉 第一グループ	組織を大きくする能力、拡大志向。マネジメント能力がある。組織の中で力を発揮する。

<八犬伝グループ> 一生を支える支援関係、仕事などで出逢いやすい関係

292	393	494	595	696	797	898	999	191
314	415	516	617	718	819	911	112	213
325	426	527	628	729	821	922	123	224
336	437	538	639	731	832	933	134	235
347	448	549	641	**742**	843	944	145	246
358	459	551	652	753	854	955	156	257
369	461	562	663	764	865	966	167	268
371	472	573	674	775	876	977	178	279
382	483	584	685	786	887	988	189	281

〈あなたの周りにいる742の人〉

氏名：　　　　生年月日：　　年　　月　　日

氏名：　　　　生年月日：　　年　　月　　日

氏名：　　　　生年月日：　　年　　月　　日

氏名：　　　　生年月日：　　年　　月　　日

氏名：　　　　生年月日：　　年　　月　　日

〈あなたの知りたい情報〉

心相数　753	基本数　639	ポジション数　2	運気数　1

〈あなたの特別の運命の人〉　三千年の旅をして出逢った人

1	合計して999になる人	246
2	同じ数の人	753
3	並び換えの人	573
4	受胎数・運気数グループ 9名	189 268 347 426 595 674 753 832 911

〈相性判定の基本数グループ〉　親子の流れ、恋人夫婦間、様々な相性の良い関係のグループ

基本数が同じ 369　639	213 246 279 516 549 573 819 843 876 369 123 156 189 426 459 483 729 753 786 639

〈あなたの親子の関係は〉 第二グループ	ピンチヒッター役で、誰も親の面倒をみる人がいないと役割がまわってきます。

〈組織での動きや仕事傾向〉 第二グループ	二番手が向いている。一番手になろうとすると辛い。 番頭役や調整役に適している。

＜八犬伝グループ＞一生を支える支援関係、仕事などで出逢いやすい関係

314	415	516	617	718	819	911	112	213
325	426	527	628	729	821	922	123	224
336	437	538	639	731	832	933	134	235
347	448	549	641	742	843	944	145	246
358	459	551	652	**753**	854	955	156	257
369	461	562	663	764	865	966	167	268
371	472	573	674	775	876	977	178	279
382	483	584	685	786	887	988	189	281
393	494	595	696	797	898	999	191	292

〈あなたの周りにいる753の人〉

氏名：　　　　　　　　　　生年月日：　　　年　　月　　日

氏名：　　　　　　　　　　生年月日：　　　年　　月　　日

氏名：　　　　　　　　　　生年月日：　　　年　　月　　日

氏名：　　　　　　　　　　生年月日：　　　年　　月　　日

氏名：　　　　　　　　　　生年月日：　　　年　　月　　日

紺・藍色　緑　オレンジ

責任感　意志が強い　職人　気配り　人間関係の人　安定　調整　人の協力を得られる

764の人

紺・藍色　青　黄

責任感　意志が強い　職人　人間関係　人が好き　器用　調整　人の協力を得られる

〈あなたの知りたい情報〉

心相数　764	基本数　696	ポジション数　2	運気数　2

〈あなたの特別の運命の人〉　三千年の旅をして出逢った人

1	合計して999になる人	235
2	同じ数の人	764
3	並び換えの人	674
4	受胎数・運気数グループ 9名	191 279 358 437 516 685 764 843 922

〈相性判定の基本数グループ〉　親子の流れ、恋人夫婦間、様々な相性の良い関係のグループ

基本数が同じ 393　696	235 268 292 538 562 595 832 865 898 393 134 167 191 437 461 494 731 764 797 696

〈あなたの親子の関係は〉 第二グループ	ピンチヒッター役で、誰も親の面倒をみる人がいないと役割がまわってきます。
〈組織での動きや仕事傾向〉 第二グループ	二番手が向いている。一番手になろうとすると辛い。番頭役や調整役に適している。

<八犬伝グループ> 一生を支える支援関係、仕事などで出逢いやすい関係

325	426	527	628	729	821	922	123	224
336	437	538	639	731	832	933	134	235
347	448	549	641	742	843	944	145	246
358	459	551	652	753	854	955	156	257
369	461	562	663	**764**	865	966	167	268
371	472	573	674	775	876	977	178	279
382	483	584	685	786	887	988	189	281
393	494	595	696	797	898	999	191	292
415	516	617	718	819	911	112	213	314

〈あなたの周りにいる764の人〉

氏名：　　　　生年月日：　　年　　月　　日

氏名：　　　　生年月日：　　年　　月　　日

氏名：　　　　生年月日：　　年　　月　　日

氏名：　　　　生年月日：　　年　　月　　日

氏名：　　　　生年月日：　　年　　月　　日

紺・藍色　紺・藍色　緑

責任感　意志が強い　職人　拡大志向　人の上に立ちたがる　組織の中で力を発揮

〈あなたの知りたい情報〉

心相数　775	基本数　663	ポジション数　1	運気数　3

〈あなたの特別の運命の人〉　三千年の旅をして出逢った人

1	合計して999になる人	224
2	同じ数の人	775
3	並び換えの人	775
4	受胎数・運気数グループ 9名	112 281 369 448 527 696 775 854 933

〈相性判定の基本数グループ〉　親子の流れ、恋人夫婦間、様々な相性の良い関係のグループ

基本数が同じ 336　663	224 257 281 527 551 584 821 854 887 336 112 145 178 415 448 472 718 742 775 663

〈あなたの親子の関係は〉 第一グループ	親を継ぐ数字。親との関係が深く親の面倒をみる役割。 親にみられる場合もあり、長男長女で生まれやすい。

〈組織での動きや仕事傾向〉 第一グループ	組織を大きくする能力、拡大志向。 マネジメント能力がある。組織の中で力を発揮する。

＜八犬伝グループ＞ 一生を支える支援関係、仕事などで出逢いやすい関係

336	437	538	639	731	832	933	134	235
347	448	549	641	742	843	944	145	246
358	459	551	652	753	854	955	156	257
369	461	562	663	764	865	966	167	268
371	472	573	674	**775**	876	977	178	279
382	483	584	685	786	887	988	189	281
393	494	595	696	797	898	999	191	292
415	516	617	718	819	911	112	213	314
426	527	628	729	821	922	123	224	325

〈あなたの周りにいる775の人〉

氏名：　　　　生年月日：　　年　　月　　日

氏名：　　　　生年月日：　　年　　月　　日

氏名：　　　　生年月日：　　年　　月　　日

氏名：　　　　生年月日：　　年　　月　　日

氏名：　　　　生年月日：　　年　　月　　日

786の人

紺・藍色　紫　青

責任感　意志が強い　職人　人をまとめる　期待されると頑張る　開拓者　納得いく人生

〈あなたの知りたい情報〉

心相数　786	基本数　639	ポジション数　3	運気数　4

〈あなたの特別の運命の人〉　三千年の旅をして出逢った人

1	合計して999になる人	213
2	同じ数の人	786
3	並び換えの人	876
4	受胎数・運気数グループ 9名	123 292 371 459 538 617 786 865 944

〈相性判定の基本数グループ〉　親子の流れ、恋人夫婦間、様々な相性の良い関係のグループ

基本数が同じ 369　639	213 246 279 516 549 573 819 843 876 369 123 156 189 426 459 483 729 753 786 639

〈あなたの親子の関係は〉 第三グループ	親を愛していないわけではないのですが、親元を離れていく傾向が強く、用事のあるときだけ帰ります。

〈組織での動きや仕事傾向〉 第三グループ	組織に拘らない、執着もうすい。納得のいく仕事がテーマ。人と同じにみられるのが嫌いで、開拓者精神旺盛。

<八犬伝グループ> 一生を支える支援関係、仕事などで出逢いやすい関係

347	448	549	641	742	843	944	145	246
358	459	551	652	753	854	955	156	257
369	461	562	663	764	865	966	167	268
371	472	573	674	775	876	977	178	279
382	483	584	685	**786**	887	988	189	281
393	494	595	696	797	898	999	191	292
415	516	617	718	819	911	112	213	314
426	527	628	729	821	922	123	224	325
437	538	639	731	832	933	134	235	336

〈あなたの周りにいる786の人〉

氏名：　生年月日：　年　月　日

氏名：　生年月日：　年　月　日

氏名：　生年月日：　年　月　日

氏名：　生年月日：　年　月　日

氏名：　生年月日：　年　月　日

797の人

紺・藍色　金・黄　紺・藍色

責任感　意志が強い　職人　参謀役　分析力　組織を護る象徴　拡大志向　人の上に立ちたがる　組織の中で力を発揮

〈あなたの知りたい情報〉

心相数　797	基本数　696	ポジション数　1	運気数　5

〈あなたの特別の運命の人〉　三千年の旅をして出逢った人

1	合計して999になる人	292
2	同じ数の人	797
3	並び換えの人	977
4	受胎数・運気数グループ 9名	134 213 382 461 549 628 797 876 955

〈相性判定の基本数グループ〉　親子の流れ、恋人夫婦間、様々な相性の良い関係のグループ

基本数が同じ 393　696	235 268 292 538 562 595 832 865 898 393 134 167 191 437 461 494 731 764 797 696

〈あなたの親子の関係は〉 第一グループ	親を継ぐ数字。親との関係が深く親の面倒をみる役割。 親にみられる場合もあり、長男長女で生まれやすい。

〈組織での動きや仕事傾向〉 第一グループ	組織を大きくする能力、拡大志向。 マネジメント能力がある。組織の中で力を発揮する。

＜八犬伝グループ＞　一生を支える支援関係、仕事などで出逢いやすい関係

358	459	551	652	753	854	955	156	257
369	461	562	663	764	865	966	167	268
371	472	573	674	775	876	977	178	279
382	483	584	685	786	887	988	189	281
393	494	595	696	**797**	898	999	191	292
415	516	617	718	819	911	112	213	314
426	527	628	729	821	922	123	224	325
437	538	639	731	832	933	134	235	336
448	549	641	742	843	944	145	246	347

〈あなたの周りにいる797の人〉

氏名：　　　　　　生年月日：　　年　　月　　日

氏名：　　　　　　生年月日：　　年　　月　　日

氏名：　　　　　　生年月日：　　年　　月　　日

氏名：　　　　　　生年月日：　　年　　月　　日

氏名：　　　　　　生年月日：　　年　　月　　日

819の人

紫　銀　金・黄

人をまとめる　期待されると頑張る　目標　一途　感性　開拓者　納得いく人生

〈あなたの知りたい情報〉

心相数　819	基本数　369	ポジション数　3	運気数　8

〈あなたの特別の運命の人〉　三千年の旅をして出逢った人

1	合計して999になる人	189
2	同じ数の人	819
3	並び換えの人	189
4	受胎数・運気数グループ 9名	167 246 325 494 573 652 731 819 988

〈相性判定の基本数グループ〉　親子の流れ、恋人夫婦間、様々な相性の良い関係のグループ

基本数が同じ 639　369	123 156 189 426 459 483 729 753 786 639 213 246 279 516 549 573 819 843 876 369

〈あなたの親子の関係は〉 第三グループ	親を愛していないわけではないのですが、親元を離れていく傾向が強く、用事のあるときだけ帰ります。

〈組織での動きや仕事傾向〉 第三グループ	組織に拘らない、執着もうすい。納得のいく仕事がテーマ。人と同じにみられるのが嫌いで、開拓者精神旺盛。

<八犬伝グループ> 一生を支える支援関係、仕事などで出逢いやすい関係

369	461	562	663	764	865	966	167	268
371	472	573	674	775	876	977	178	279
382	483	584	685	786	887	988	189	281
393	494	595	696	797	898	999	191	292
415	516	617	718	**819**	911	112	213	314
426	527	628	729	821	922	123	224	325
437	538	639	731	832	933	134	235	336
448	549	641	742	843	944	145	246	347
459	551	652	753	854	955	156	257	358

〈あなたの周りにいる819の人〉

氏名：　　　　生年月日：　　年　　月　　日

氏名：　　　　生年月日：　　年　　月　　日

氏名：　　　　生年月日：　　年　　月　　日

氏名：　　　　生年月日：　　年　　月　　日

氏名：　　　　生年月日：　　年　　月　　日

人をまとめる　期待されると頑張る　感性　行動力　マイペース　開拓者　納得いく人生

〈あなたの知りたい情報〉

心相数　821	基本数　336	ポジション数　3	運気数　9

〈あなたの特別の運命の人〉　三千年の旅をして出逢った人

1	合計して999になる人	178
2	同じ数の人	821
3	並び換えの人	281
4	受胎数・運気数グループ 9名	178 257 336 415 584 663 742 821 999

〈相性判定の基本数グループ〉　親子の流れ、恋人夫婦間、様々な相性の良い関係のグループ

基本数が同じ 663　336	112 145 178 415 448 472 718 742 775 663 224 257 281 527 551 584 821 854 887 336

〈あなたの親子の関係は〉 第三グループ	親を愛していないわけではないのですが、親元を離れていく傾向が強く、用事のあるときだけ帰ります。

〈組織での動きや仕事傾向〉 第三グループ	組織に拘らない、執着もうすい。納得のいく仕事がテーマ。人と同じにみられるのが嫌いで、開拓者精神旺盛。

＜八犬伝グループ＞一生を支える支援関係、仕事などで出逢いやすい関係

371	472	573	674	775	876	977	178	279
382	483	584	685	786	887	988	189	281
393	494	595	696	797	898	999	191	292
415	516	617	718	819	911	112	213	314
426	527	628	729	**821**	922	123	224	325
437	538	639	731	832	933	134	235	336
448	549	641	742	843	944	145	246	347
459	551	652	753	854	955	156	257	358
461	562	663	764	865	966	167	268	369

〈あなたの周りにいる821の人〉

氏名：　　　　　　　　　　生年月日：　　　年　　　月　　　日

氏名：　　　　　　　　　　生年月日：　　　年　　　月　　　日

氏名：　　　　　　　　　　生年月日：　　　年　　　月　　　日

氏名：　　　　　　　　　　生年月日：　　　年　　　月　　　日

氏名：　　　　　　　　　　生年月日：　　　年　　　月　　　日

紫　オレンジ　赤・ピンク

人をまとめる　期待されると頑張る　行動力　感性　楽天的　拡大志向　人の上に立ちたがる　組織の中で力を発揮

〈あなたの知りたい情報〉

心相数　832	基本数　393	ポジション数　1	運気数　1

〈あなたの特別の運命の人〉　三千年の旅をして出逢った人

1	合計して999になる人	167
2	同じ数の人	832
3	並び換えの人	382
4	受胎数・運気数グループ 9名	189 268 347 426 595 674 753 832 911

〈相性判定の基本数グループ〉　親子の流れ、恋人夫婦間、様々な相性の良い関係のグループ

基本数が同じ 696　393	134 167 191 437 461 494 731 764 797 696 235 268 292 538 562 595 832 865 898 393

〈あなたの親子の関係は〉 第一グループ	親を継ぐ数字。親との関係が深く親の面倒をみる役割。 親にみられる場合もあり、長男長女で生まれやすい。

〈組織での動きや仕事傾向〉 第一グループ	組織を大きくする能力、拡大志向。 マネジメント能力がある。組織の中で力を発揮する。

＜八犬伝グループ＞ 一生を支える支援関係、仕事などで出逢いやすい関係

382	483	584	685	786	887	988	189	281
393	494	595	696	797	898	999	191	292
415	516	617	718	819	911	112	213	314
426	527	628	729	821	922	123	224	325
437	538	639	731	**832**	933	134	235	336
448	549	641	742	843	944	145	246	347
459	551	652	753	854	955	156	257	358
461	562	663	764	865	966	167	268	369
472	573	674	775	876	977	178	279	371

〈あなたの周りにいる832の人〉

氏名：　　　　　　生年月日：　　年　　月　　日

氏名：　　　　　　生年月日：　　年　　月　　日

氏名：　　　　　　生年月日：　　年　　月　　日

氏名：　　　　　　生年月日：　　年　　月　　日

氏名：　　　　　　生年月日：　　年　　月　　日

〈あなたの知りたい情報〉

心相数　843	基本数　369	ポジション数　2	運気数　2

〈あなたの特別の運命の人〉　三千年の旅をして出逢った人

1	合計して999になる人	156
2	同じ数の人	843
3	並び換えの人	483
4	受胎数・運気数グループ 9名	191 279 358 437 516 685 764 843 922

〈相性判定の基本数グループ〉　親子の流れ、恋人夫婦間、様々な相性の良い関係のグループ

基本数が同じ 639　369	123 156 189 426 459 483 729 753 786 639 213 246 279 516 549 573 819 843 876 369

〈あなたの親子の関係は〉 第二グループ	ピンチヒッター役で、誰も親の面倒をみる人がいないと役割がまわってきます。

〈組織での動きや仕事傾向〉 第二グループ	二番手が向いている。一番手になろうとすると辛い。 番頭役や調整役に適している。

＜八犬伝グループ＞一生を支える支援関係、仕事などで出逢いやすい関係

393	494	595	696	797	898	999	191	292
415	516	617	718	819	911	112	213	314
426	527	628	729	821	922	123	224	325
437	538	639	731	832	933	134	235	336
448	549	641	742	**843**	944	145	246	347
459	551	652	753	854	955	156	257	358
461	562	663	764	865	966	167	268	369
472	573	674	775	876	977	178	279	371
483	584	685	786	887	988	189	281	382

〈あなたの周りにいる843の人〉

氏名：　　　　　　　　生年月日：　　　年　　　月　　　日

氏名：　　　　　　　　生年月日：　　　年　　　月　　　日

氏名：　　　　　　　　生年月日：　　　年　　　月　　　日

氏名：　　　　　　　　生年月日：　　　年　　　月　　　日

氏名：　　　　　　　　生年月日：　　　年　　　月　　　日

紫　黄　オレンジ

人をまとめる　期待されると頑張る　行動力　直感　人脈　調整　人の協力を得られる

854の人

紫 緑 黄

人をまとめる　期待されると頑張る　気配り　人間関係の人　安定　開拓者　納得いく人生

〈あなたの知りたい情報〉

心相数　854	基本数　336	ポジション数　3	運気数　3

〈あなたの特別の運命の人〉 三千年の旅をして出逢った人

1	合計して999になる人	145
2	同じ数の人	854
3	並び換えの人	584
4	受胎数・運気数グループ 9名	112 281 369 448 527 696 775 854 933

〈相性判定の基本数グループ〉 親子の流れ、恋人夫婦間、様々な相性の良い関係のグループ

基本数が同じ 663　336	112 145 178 415 448 472 718 742 775 663 224 257 281 527 551 584 821 854 887 336

〈あなたの親子の関係は〉 第三グループ	親を愛していないわけではないのですが、親元を離れていく傾向が強く、用事のあるときだけ帰ります。

〈組織での動きや仕事傾向〉 第三グループ	組織に拘らない、執着もうすい。納得のいく仕事がテーマ。人と同じにみられるのが嫌いで、開拓者精神旺盛。

＜八犬伝グループ＞ 一生を支える支援関係、仕事などで出逢いやすい関係

415	516	617	718	819	911	112	213	314
426	527	628	729	821	922	123	224	325
437	538	639	731	832	933	134	235	336
448	549	641	742	843	944	145	246	347
459	551	652	753	**854**	955	156	257	358
461	562	663	764	865	966	167	268	369
472	573	674	775	876	977	178	279	371
483	584	685	786	887	988	189	281	382
494	595	696	797	898	999	191	292	393

〈あなたの周りにいる854の人〉

氏名：　　　　生年月日：　　年　　月　　日

氏名：　　　　生年月日：　　年　　月　　日

氏名：　　　　生年月日：　　年　　月　　日

氏名：　　　　生年月日：　　年　　月　　日

氏名：　　　　生年月日：　　年　　月　　日

865の人

〈あなたの知りたい情報〉

心相数　865	基本数　393	ポジション数　2	運気数　4

〈あなたの特別の運命の人〉　三千年の旅をして出逢った人

1	合計して999になる人	134
2	同じ数の人	865
3	並び換えの人	685
4	受胎数・運気数グループ 9名	123 292 371 459 538 617 786 865 944

〈相性判定の基本数グループ〉　親子の流れ、恋人夫婦間、様々な相性の良い関係のグループ

基本数が同じ 696　393	134 167 191 437 461 494 731 764 797 696 235 268 292 538 562 595 832 865 898 393

〈あなたの親子の関係は〉 第二グループ	ピンチヒッター役で、誰も親の面倒をみる人がいないと役割がまわってきます。

〈組織での動きや仕事傾向〉 第二グループ	二番手が向いている。一番手になろうとすると辛い。 番頭役や調整役に適している。

<八犬伝グループ> 一生を支える支援関係、仕事などで出逢いやすい関係

426	527	628	729	821	922	123	224	325
437	538	639	731	832	933	134	235	336
448	549	641	742	843	944	145	246	347
459	551	652	753	854	955	156	257	358
461	562	663	764	865	966	167	268	369
472	573	674	775	876	977	178	279	371
483	584	685	786	887	988	189	281	382
494	595	696	797	898	999	191	292	393
516	617	718	819	911	112	213	314	415

〈あなたの周りにいる865の人〉

氏名：	生年月日：	年	月	日
氏名：	生年月日：	年	月	日
氏名：	生年月日：	年	月	日
氏名：	生年月日：	年	月	日
氏名：	生年月日：	年	月	日

紫　青　緑

人をまとめる　期待されると頑張る　人間関係　人が好き　器用　調整　人の協力を得られる

紫　紺・藍色　青

人をまとめる　期待されると頑張る　責任感　意志が強い　職人　拡大志向　人の上に立ちたがる　組織の中で力を発揮

〈あなたの知りたい情報〉

心相数　876	基本数　369	ポジション数　1	運気数　5

〈あなたの特別の運命の人〉　三千年の旅をして出逢った人

1	合計して999になる人	123
2	同じ数の人	876
3	並び換えの人	786
4	受胎数・運気数グループ 9名	134 213 382 461 549 628 797 876 955

〈相性判定の基本数グループ〉　親子の流れ、恋人夫婦間、様々な相性の良い関係のグループ

基本数が同じ 639　369	123 156 189 426 459 483 729 753 786 639 213 246 279 516 549 573 819 843 876 369

〈あなたの親子の関係は〉 第一グループ	親を継ぐ数字。親との関係が深く親の面倒をみる役割。 親にみられる場合もあり、長男長女で生まれやすい。

〈組織での動きや仕事傾向〉 第一グループ	組織を大きくする能力、拡大志向。 マネジメント能力がある。組織の中で力を発揮する。

<八犬伝グループ> 一生を支える支援関係、仕事などで出逢いやすい関係

437	538	639	731	832	933	134	235	336
448	549	641	742	843	944	145	246	347
459	551	652	753	854	955	156	257	358
461	562	663	764	865	966	167	268	369
472	573	674	775	**876**	977	178	279	371
483	584	685	786	887	988	189	281	382
494	595	696	797	898	999	191	292	393
516	617	718	819	911	112	213	314	415
527	628	729	821	922	123	224	325	426

〈あなたの周りにいる876の人〉

氏名：　生年月日：　年　月　日

氏名：　生年月日：　年　月　日

氏名：　生年月日：　年　月　日

氏名：　生年月日：　年　月　日

氏名：　生年月日：　年　月　日

〈あなたの知りたい情報〉

心相数　887	基本数　336	ポジション数　3	運気数　6

〈あなたの特別の運命の人〉　三千年の旅をして出逢った人

1	合計して999になる人	112
2	同じ数の人	887
3	並び換えの人	887
4	受胎数・運気数グループ 9名	145 224 393 472 551 639 718 887 966

〈相性判定の基本数グループ〉　親子の流れ、恋人夫婦間、様々な相性の良い関係のグループ

基本数が同じ 663　336	112 145 178 415 448 472 718 742 775 663 224 257 281 527 551 584 821 854 887 336

〈あなたの親子の関係は〉 第三グループ	親を愛していないわけではないのですが、親元を離れていく傾向が強く、用事のあるときだけ帰ります。

〈組織での動きや仕事傾向〉 第三グループ	組織に拘らない、執着もうすい。納得のいく仕事がテーマ。人と同じにみられるのが嫌いで、開拓者精神旺盛。

＜八犬伝グループ＞一生を支える支援関係、仕事などで出逢いやすい関係

448	549	641	742	843	944	145	246	347
459	551	652	753	854	955	156	257	358
461	562	663	764	865	966	167	268	369
472	573	674	775	876	977	178	279	371
483	584	685	786	**887**	988	189	281	382
494	595	696	797	898	999	191	292	393
516	617	718	819	911	112	213	314	415
527	628	729	821	922	123	224	325	426
538	639	731	832	933	134	235	336	437

〈あなたの周りにいる887の人〉

氏名：　　生年月日：　　年　　月　　日

氏名：　　生年月日：　　年　　月　　日

氏名：　　生年月日：　　年　　月　　日

氏名：　　生年月日：　　年　　月　　日

氏名：　　生年月日：　　年　　月　　日

898の人

紫　金・黄　紫

人をまとめる　期待されると頑張る　参謀役　分析力　組織を護る象徴　開拓者　納得いく人生

〈あなたの知りたい情報〉

心相数　898	基本数　393	ポジション数　3	運気数　7

〈あなたの特別の運命の人〉　三千年の旅をして出逢った人

1	合計して999になる人	191
2	同じ数の人	898
3	並び換えの人	988
4	受胎数・運気数グループ 9名	156 235 314 483 562 641 729 898 977

〈相性判定の基本数グループ〉　親子の流れ、恋人夫婦間、様々な相性の良い関係のグループ

基本数が同じ 696　393	134 167 191 437 461 494 731 764 797 696 235 268 292 538 562 595 832 865 898 393

〈あなたの親子の関係は〉 第三グループ	親を愛していないわけではないのですが、親元を離れていく傾向が強く、用事のあるときだけ帰ります。
〈組織での動きや仕事傾向〉 第三グループ	組織に拘らない、執着もうすい。納得のいく仕事がテーマ。人と同じにみられるのが嫌いで、開拓者精神旺盛。

＜八犬伝グループ＞ 一生を支える支援関係、仕事などで出逢いやすい関係

459	551	652	753	854	955	156	257	358
461	562	663	764	865	966	167	268	369
472	573	674	775	876	977	178	279	371
483	584	685	786	887	988	189	281	382
494	595	696	797	**898**	999	191	292	393
516	617	718	819	911	112	213	314	415
527	628	729	821	922	123	224	325	426
538	639	731	832	933	134	235	336	437
549	641	742	843	944	145	246	347	448

〈あなたの周りにいる898の人〉

氏名：　　　　生年月日：　　年　　月　　日

氏名：　　　　生年月日：　　年　　月　　日

氏名：　　　　生年月日：　　年　　月　　日

氏名：　　　　生年月日：　　年　　月　　日

氏名：　　　　生年月日：　　年　　月　　日

〈あなたの知りたい情報〉

心相数　911	基本数　966	ポジション数　3	運気数　1

〈あなたの特別の運命の人〉 三千年の旅をして出逢った人

1	合計して999になる人	988
2	同じ数の人	911
3	並び換えの人	191
4	受胎数・運気数グループ 9名	189 268 347 426 595 674 753 832 911

〈相性判定の基本数グループ〉 親子の流れ、恋人夫婦間、様々な相性の良い関係のグループ

基本数が同じ 933　966	325 358 382 628 652 685 922 955 988 933 314 347 371 617 641 674 911 944 977 966

〈あなたの親子の関係は〉 第三グループ	親を愛していないわけではないのですが、親元を離れていく傾向が強く、用事のあるときだけ帰ります。

〈組織での動きや仕事傾向〉 第三グループ	組織に拘らない、執着もうすい。納得のいく仕事がテーマ。人と同じにみられるのが嫌いで、開拓者精神旺盛。

<八犬伝グループ> 一生を支える支援関係、仕事などで出逢いやすい関係

461	562	663	764	865	966	167	268	369
472	573	674	775	876	977	178	279	371
483	584	685	786	887	988	189	281	382
494	595	696	797	898	999	191	292	393
516	617	718	819	**911**	112	213	314	415
527	628	729	821	922	123	224	325	426
538	639	731	832	933	134	235	336	437
549	641	742	843	944	145	246	347	448
551	652	753	854	955	156	257	358	459

〈あなたの周りにいる911の人〉

氏名：　　　　　　生年月日：　　　年　　月　　日

氏名：　　　　　　生年月日：　　　年　　月　　日

氏名：　　　　　　生年月日：　　　年　　月　　日

氏名：　　　　　　生年月日：　　　年　　月　　日

氏名：　　　　　　生年月日：　　　年　　月　　日

922の人

金・黄
赤・ピンク
赤・ピンク

参謀役　分析力　組織を護る象徴　感性　行動力　マイペース　拡大志向　人の上に立ちたがる　組織の中で力を発揮

〈あなたの知りたい情報〉

心相数　922	基本数　933	ポジション数　1	運気数　2

〈あなたの特別の運命の人〉　三千年の旅をして出逢った人

1	合計して999になる人	977
2	同じ数の人	922
3	並び換えの人	292
4	受胎数・運気数グループ 9名	191 279 358 437 516 685 764 843 922

〈相性判定の基本数グループ〉　親子の流れ、恋人夫婦間、様々な相性の良い関係のグループ

基本数が同じ 966　933	314 347 371 617 641 674 911 944 977 966 325 358 382 628 652 685 922 955 988 933

〈あなたの親子の関係は〉 第一グループ	親を継ぐ数字。親との関係が深く親の面倒をみる役割。 親にみられる場合もあり、長男長女で生まれやすい。

〈組織での動きや仕事傾向〉 第一グループ	組織を大きくする能力、拡大志向。 マネジメント能力がある。組織の中で力を発揮する。

<八犬伝グループ>　一生を支える支援関係、仕事などで出逢いやすい関係

472	573	674	775	876	977	178	279	371
483	584	685	786	887	988	189	281	382
494	595	696	797	898	999	191	292	393
516	617	718	819	911	112	213	314	415
527	628	729	821	**922**	123	224	325	426
538	639	731	832	933	134	235	336	437
549	641	742	843	944	145	246	347	448
551	652	753	854	955	156	257	358	459
562	663	764	865	966	167	268	369	461

〈あなたの周りにいる922の人〉

氏名：　　生年月日：　　年　　月　　日

氏名：　　生年月日：　　年　　月　　日

氏名：　　生年月日：　　年　　月　　日

氏名：　　生年月日：　　年　　月　　日

氏名：　　生年月日：　　年　　月　　日

金・黄

オレンジ

オレンジ

参謀役　分析力　組織を護る象徴　行動力　感性　楽天的　拡大志向　人の上に立ちたがる　組織の中で力を発揮

〈あなたの知りたい情報〉

心相数　933	基本数　933	ポジション数　1	運気数　3

〈あなたの特別の運命の人〉 三千年の旅をして出逢った人

1	合計して999になる人	966
2	同じ数の人	933
3	並び換えの人	393
4	受胎数・運気数グループ 9名	112 281 369 448 527 696 775 854 933

〈相性判定の基本数グループ〉 親子の流れ、恋人夫婦間、様々な相性の良い関係のグループ

基本数が同じ 966　933	314 347 371 617 641 674 911 944 977 966 325 358 382 628 652 685 922 955 988 933

〈あなたの親子の関係は〉 第一グループ	親を継ぐ数字。親との関係が深く親の面倒をみる役割。 親にみられる場合もあり、長男長女で生まれやすい。

〈組織での動きや仕事傾向〉 第一グループ	組織を大きくする能力、拡大志向。 マネジメント能力がある。組織の中で力を発揮する。

＜八犬伝グループ＞ 一生を支える支援関係、仕事などで出逢いやすい関係

483	584	685	786	887	988	189	281	382
494	595	696	797	898	999	191	292	393
516	617	718	819	911	112	213	314	415
527	628	729	821	922	123	224	325	426
538	639	731	832	**933**	134	235	336	437
549	641	742	843	944	145	246	347	448
551	652	753	854	955	156	257	358	459
562	663	764	865	966	167	268	369	461
573	674	775	876	977	178	279	371	472

〈あなたの周りにいる933の人〉

氏名：　　　　　　　　生年月日：　　　年　　月　　日

氏名：　　　　　　　　生年月日：　　　年　　月　　日

氏名：　　　　　　　　生年月日：　　　年　　月　　日

氏名：　　　　　　　　生年月日：　　　年　　月　　日

氏名：　　　　　　　　生年月日：　　　年　　月　　日

金・黄　黄　黄

参謀役　分析力　組織を護る象徴　行動力　直感　人脈　調整　人の協力を得られる

〈あなたの知りたい情報〉

心相数　944	基本数　966	ポジション数　2	運気数　4

〈あなたの特別の運命の人〉　三千年の旅をして出逢った人

1	合計して999になる人	955
2	同じ数の人	944
3	並び換えの人	494
4	受胎数・運気数グループ 9名	123 292 371 459 538 617 786 865 944

〈相性判定の基本数グループ〉　親子の流れ、恋人夫婦間、様々な相性の良い関係のグループ

基本数が同じ 933　966	325 358 382 628 652 685 922 955 988 933 314 347 371 617 641 674 911 944 977 966

〈あなたの親子の関係は〉 第二グループ	ピンチヒッター役で、誰も親の面倒をみる人がいないと役割がまわってきます。

〈組織での動きや仕事傾向〉 第二グループ	二番手が向いている。一番手になろうとすると辛い。番頭役や調整役に適している。

＜八犬伝グループ＞　一生を支える支援関係、仕事などで出逢いやすい関係

494	595	696	797	898	999	191	292	393
516	617	718	819	911	112	213	314	415
527	628	729	821	922	123	224	325	426
538	639	731	832	933	134	235	336	437
549	641	742	843	**944**	145	246	347	448
551	652	753	854	955	156	257	358	459
562	663	764	865	966	167	268	369	461
573	674	775	876	977	178	279	371	472
584	685	786	887	988	189	281	382	483

〈あなたの周りにいる944の人〉

氏名：　　　　生年月日：　　年　　月　　日

氏名：　　　　生年月日：　　年　　月　　日

氏名：　　　　生年月日：　　年　　月　　日

氏名：　　　　生年月日：　　年　　月　　日

氏名：　　　　生年月日：　　年　　月　　日

金・黄　緑　緑

参謀役　分析力　組織を護る象徴　気配り　人間関係の人　安定　調整　人の協力を得られる

〈あなたの知りたい情報〉

心相数　955	基本数　933	ポジション数　2	運気数　5

〈あなたの特別の運命の人〉　三千年の旅をして出逢った人

1	合計して999になる人	944
2	同じ数の人	955
3	並び換えの人	595
4	受胎数・運気数グループ 9名	134 213 382 461 549 628 797 876 955

〈相性判定の基本数グループ〉　親子の流れ、恋人夫婦間、様々な相性の良い関係のグループ

基本数が同じ 966　933	314 347 371 617 641 674 911 944 977 966 325 358 382 628 652 685 922 955 988 933

〈あなたの親子の関係は〉 第二グループ	ピンチヒッター役で、誰も親の面倒をみる人がいないと役割がまわってきます。

〈組織での動きや仕事傾向〉 第二グループ	二番手が向いている。一番手になろうとすると辛い。 番頭役や調整役に適している。

＜八犬伝グループ＞一生を支える支援関係、仕事などで出逢いやすい関係

516	617	718	819	911	112	213	314	415
527	628	729	821	922	123	224	325	426
538	639	731	832	933	134	235	336	437
549	641	742	843	944	145	246	347	448
551	652	753	854	**955**	156	257	358	459
562	663	764	865	966	167	268	369	461
573	674	775	876	977	178	279	371	472
584	685	786	887	988	189	281	382	483
595	696	797	898	999	191	292	393	494

〈あなたの周りにいる955の人〉

氏名：　　　　生年月日：　　　年　　月　　日

氏名：　　　　生年月日：　　　年　　月　　日

氏名：　　　　生年月日：　　　年　　月　　日

氏名：　　　　生年月日：　　　年　　月　　日

氏名：　　　　生年月日：　　　年　　月　　日

金・黄 青 青

参謀役 分析力 組織を護る象徴 人間関係 人が好き 器用 拡大志向 人の上に立ちたがる 組織の中で力を発揮

〈あなたの知りたい情報〉

心相数 966	基本数 966	ポジション数 1	運気数 6

〈あなたの特別の運命の人〉 三千年の旅をして出逢った人

1	合計して999になる人	933
2	同じ数の人	966
3	並び換えの人	696
4	受胎数・運気数グループ 9名	145 224 393 472 551 639 718 887 966

〈相性判定の基本数グループ〉 親子の流れ、恋人夫婦間、様々な相性の良い関係のグループ

基本数が同じ 933 966	325 358 382 628 652 685 922 955 988 933 314 347 371 617 641 674 911 944 977 966

〈あなたの親子の関係は〉 第一グループ	親を継ぐ数字。親との関係が深く親の面倒をみる役割。 親にみられる場合もあり、長男長女で生まれやすい。

〈組織での動きや仕事傾向〉 第一グループ	組織を大きくする能力、拡大志向。 マネジメント能力がある。組織の中で力を発揮する。

＜八犬伝グループ＞ 一生を支える支援関係、仕事などで出逢いやすい関係

527	628	729	821	922	123	224	325	426
538	639	731	832	933	134	235	336	437
549	641	742	843	944	145	246	347	448
551	652	753	854	955	156	257	358	459
562	663	764	865	**966**	167	268	369	461
573	674	775	876	977	178	279	371	472
584	685	786	887	988	189	281	382	483
595	696	797	898	999	191	292	393	494
617	718	819	911	112	213	314	415	516

〈あなたの周りにいる966の人〉

氏名： 生年月日： 年 月 日

氏名： 生年月日： 年 月 日

氏名： 生年月日： 年 月 日

氏名： 生年月日： 年 月 日

氏名： 生年月日： 年 月 日

977の人

金・黄　紺・藍色　紺・藍色

参謀役　分析力　組織を護る象徴　責任感　意志が強い　職人　拡大志向　人の上に立ちたがる　組織の中で力を発揮

〈あなたの知りたい情報〉

心相数　977	基本数　966	ポジション数　1	運気数　7

〈あなたの特別の運命の人〉　三千年の旅をして出逢った人

1	合計して999になる人	922
2	同じ数の人	977
3	並び換えの人	797
4	受胎数・運気数グループ 9名	156 235 314 483 562 641 729 898 977

〈相性判定の基本数グループ〉　親子の流れ、恋人夫婦間、様々な相性の良い関係のグループ

基本数が同じ 933　966	325 358 382 628 652 685 922 955 988 933 314 347 371 617 641 674 911 944 977 966

〈あなたの親子の関係は〉 第一グループ	親を継ぐ数字。親との関係が深く親の面倒をみる役割。 親にみられる場合もあり、長男長女で生まれやすい。

〈組織での動きや仕事傾向〉 第一グループ	組織を大きくする能力、拡大志向。 マネジメント能力がある。組織の中で力を発揮する。

＜八犬伝グループ＞　一生を支える支援関係、仕事などで出逢いやすい関係

538	639	731	832	933	134	235	336	437
549	641	742	843	944	145	246	347	448
551	652	753	854	955	156	257	358	459
562	663	764	865	966	167	268	369	461
573	674	775	876	**977**	178	279	371	472
584	685	786	887	988	189	281	382	483
595	696	797	898	999	191	292	393	494
617	718	819	911	112	213	314	415	516
628	729	821	922	123	224	325	426	527

〈あなたの周りにいる977の人〉

氏名：　　　　生年月日：　　年　　月　　日

氏名：　　　　生年月日：　　年　　月　　日

氏名：　　　　生年月日：　　年　　月　　日

氏名：　　　　生年月日：　　年　　月　　日

氏名：　　　　生年月日：　　年　　月　　日

金・黄　紫　紫

参謀役　分析力　組織を護る象徴　人をまとめる　期待されると頑張る　開拓者　納得いく人生

〈あなたの知りたい情報〉

心相数　988	基本数　933	ポジション数　3	運気数　8

〈あなたの特別の運命の人〉　三千年の旅をして出逢った人

1	合計して999になる人	911
2	同じ数の人	988
3	並び換えの人	898
4	受胎数・運気数グループ 9名	167 246 325 494 573 652 731 819 988

〈相性判定の基本数グループ〉　親子の流れ、恋人夫婦間、様々な相性の良い関係のグループ

基本数が同じ 966　933	314 347 371 617 641 674 911 944 977 966 325 358 382 628 652 685 922 955 988 933

〈あなたの親子の関係は〉 第三グループ	親を愛していないわけではないのですが、親元を離れていく傾向が強く、用事のあるときだけ帰ります。

〈組織での動きや仕事傾向〉 第三グループ	組織に拘らない、執着もうすい。納得のいく仕事がテーマ。人と同じにみられるのが嫌いで、開拓者精神旺盛。

<八犬伝グループ>　一生を支える支援関係、仕事などで出逢いやすい関係

549	641	742	843	944	145	246	347	448
551	652	753	854	955	156	257	358	459
562	663	764	865	966	167	268	369	461
573	674	775	876	977	178	279	371	472
584	685	786	887	**988**	189	281	382	483
595	696	797	898	999	191	292	393	494
617	718	819	911	112	213	314	415	516
628	729	821	922	123	224	325	426	527
639	731	832	933	134	235	336	437	538

〈あなたの周りにいる988の人〉

氏名：　　　　生年月日：　　年　　月　　日

氏名：　　　　生年月日：　　年　　月　　日

氏名：　　　　生年月日：　　年　　月　　日

氏名：　　　　生年月日：　　年　　月　　日

氏名：　　　　生年月日：　　年　　月　　日

〈あなたの知りたい情報〉

心相数　999	基本数　999	ポジション数　3	運気数　9

〈あなたの特別の運命の人〉　三千年の旅をして出逢った人

1	合計して999になる人	999
2	同じ数の人	999
3	並び換えの人	999
4	受胎数・運気数グループ 9名	178 257 336 415 584 663 742 821 999

〈相性判定の基本数グループ〉　親子の流れ、恋人夫婦間、様々な相性の良い関係のグループ

基本数が同じ 966　933	314 347 371 617 641 674 911 944 977 966 325 358 382 628 652 685 922 955 988 933

〈あなたの親子の関係は〉 第三グループ	親を愛していないわけではないのですが、親元を離れていく傾向が強く、用事のあるときだけ帰ります。

〈組織での動きや仕事傾向〉 第三グループ	組織に拘らない、執着もうすい。納得のいく仕事がテーマ。人と同じにみられるのが嫌いで、開拓者精神旺盛。

＜八犬伝グループ＞ 一生を支える支援関係、仕事などで出逢いやすい関係

551	652	753	854	955	156	257	358	459
562	663	764	865	966	167	268	369	461
573	674	775	876	977	178	279	371	472
584	685	786	887	988	189	281	382	483
595	696	797	898	**999**	191	292	393	494
617	718	819	911	112	213	314	415	516
628	729	821	922	123	224	325	426	527
639	731	832	933	134	235	336	437	538
641	742	843	944	145	246	347	448	549

〈あなたの周りにいる999の人〉

氏名：　　　　　　　　生年月日：　　　年　　　月　　　日

氏名：　　　　　　　　生年月日：　　　年　　　月　　　日

氏名：　　　　　　　　生年月日：　　　年　　　月　　　日

氏名：　　　　　　　　生年月日：　　　年　　　月　　　日

氏名：　　　　　　　　生年月日：　　　年　　　月　　　日

金・黄　金・黄　金・黄

参謀役　分析力　組織を護る象徴　開拓者　納得いく人生

《運気リズムの位置》

2018 年の運気

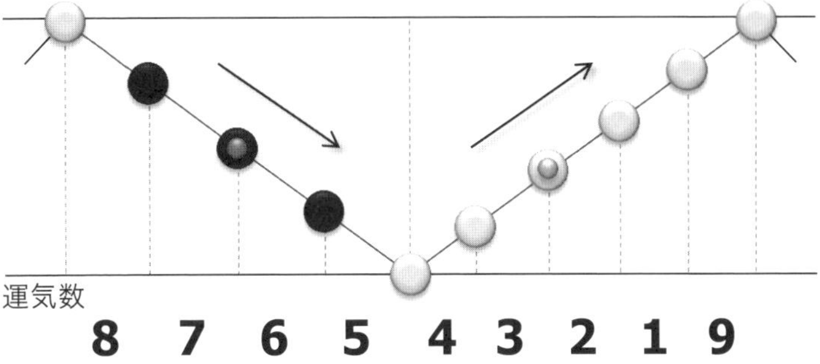

2019 年の運気

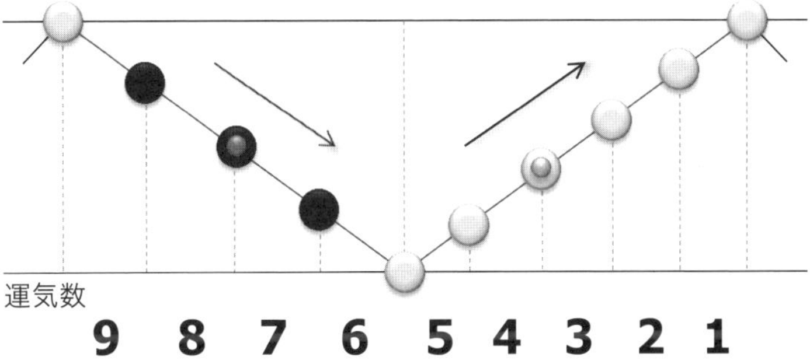

2019年以降は１年ずつ運気数を右に移動してください。

2020年は

1　9　8　7　6　5　4　3　2

になります。

氏　名	心相数			メ　モ

氏　名	心相数			メ　モ

氏　名	心相数			メ　モ

氏　名	心相数			メ　モ

氏　名	心相数			メ　モ

氏　名	心相数			メ　モ

氏　名	心相数			メ　モ

数字と色の人生ノート

平成 30 年 9 月 9 日　第 1 刷発行

著　者　宮城　悟

発行者　伊藤　泰士

発行所　株式会社創樹社美術出版

〒 113-0034 文京区湯島 2 丁目 5 番 6 号

ＴＥＬ　03-3816-3331

ＦＡＸ　03-5684-8127

http://www.soujusha.co.jp

印刷所　株式会社ティーケー出版印刷

ISBN978-4-7876-0103-2

「数字と色の人生ノート」は下記の本とあわせてご活用ください。

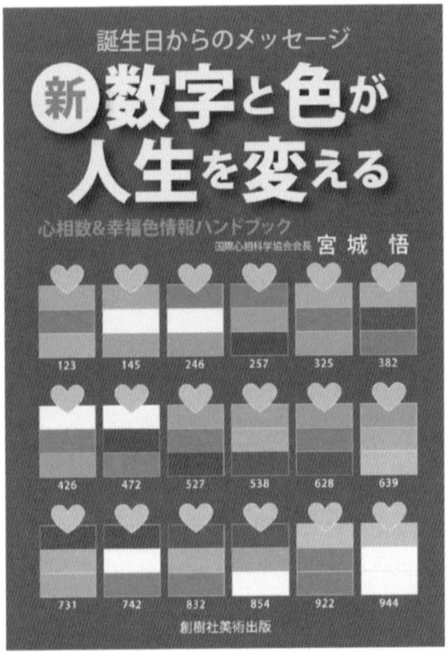

新・数字と色が人生を変える

定価　本体1800円+税

ISBN978-4-7876-0094-3

誕生日の暗号を解読して現れた81通りの情報=「心相数」。数字に秘められたメッセージを紐解くことで、人それぞれ81通りの性格、能力、行動パターンが、専門知識がなくても理解できます。

「あなたの特別な運命の人」「あなたの運気の流れ」「あなたのラッキーカラー」が分かります。360名の身近な有名人、著名人の心相数リスト付き。

本書の活用の仕方

「子育て」子どもの性格や能力を知ることで、子育てや教育に役立ちます。
「ビジネス」上司・同僚・部下・取引相手の性格、行動パターンを理解することで円滑で効率の良いビジネスに役立ちます。
「夫婦・カップル」お互いをより良く知ることでさらに絆が深まります。
「婚活」相手との相性を調べて理想の結婚相手を見つけましょう。